不只需要愛

目錄

出版序

傾聽「樹」的歌唱

真如

在靜謐的樹林中，抬頭仰望著一棵棵樹，適時正有清風徐徐拂來，似乎所有的樹葉都在沙沙振響，那一刻的心湖明靜而柔軟，好像要對藍天輕語著什麼……

陽光，正把它的熱情和光明，透過葉子灑下來，每一片葉子的形狀、葉脈、都在碧藍的陪襯下清晰呈現。我不禁常常驚歎是怎樣的神祕之手，雕刻了這精彩紛呈的美麗。每一棵樹都那般風姿獨具，幾多蓬勃，幾許可人。可是它們在大片的森林裡，有幾人能走近欣賞觀看，那每一片樹葉在風中雨中繁華與凋零，陽光月下怒吼與淺唱。看那楓樹，在北國寒意漸濃之時，正是它們盡顯生命的璀璨之際。每每值此，欲將珍貴美景寄與天下人共享。

每個人生命中，最細緻、最燦爛的那個部份，也許只有他自己，或是跟他親近的人才知道。他們，就像一棵樹，蒼勁地散發堅強的氣息。他們在受傷之後，森林悄悄收藏了他們的哀哭與無奈，他們努力地尋覓著生存的堅韌之力，經歷多少頑強的內心之戰，終於小心翼翼地把傷痕復原，從再次地枝繁葉茂到令人驚歎！他們迎接了生命的大風暴，在幾度摧殘中毅然璀璨綻放！像一棵樹般，他們謙虛地對整個森林釋放著愛與奉獻的信息，以個體生命的強悍溫熱著整體。

一棵桂花樹的淡淡清香，也許會觸碰到你靈魂深處的甜美的寧靜。

究竟，他們曾經歷怎樣的風霜雨雪？那美麗的深藏於年輪中的精彩記憶，在何樣的陽光下開始優美昇華？在怎樣的鏡湖中看清了自己的模樣？是什麼喚醒了他們心中的巨人之力，將沉睡的荒原，開放為直到天際的鬱鬱森林與燦燦樹花？

有人願傾聽這每一棵樹的哭聲與吟唱嗎？

我真摯地邀請所有的人，和我一起凝視這些精彩的心吧！這些在苦痛中掙扎著，終於開出燦爛心花的勇敢的人們，他們動人的身影，就和你我一樣，行進在這個世上。可能，讀這本書，就像人生中的一次深情回眸。注視到了那個和我一起經歷過人世的風雨、經歷過人世災難洗禮的同伴，他是如何精彩地活著，而他的精彩，到底有怎樣細緻的輪廓、顏色、形狀？這精彩是如何發生的？親愛的讀者，你不想欣賞嗎？

就像我看到的一樹美景，在很多年前，有了一種想把它獻給大家的心情。它，終於出現了。所以，為這些精彩的心隨喜，並加油吧！也為你自己的美麗、為你自己的勇悍、為你自己的不屈，為你自己的善良喝采吧！

因為我們同行！

寫在二〇一八年，亮點書系開啟時

在消失的記憶中，留下愛的名字

董士輔

文／周雯琪

打開自己的心，會讓我們沒有太多的怖畏，尤其是與人相處的時候，願意對大家敞開心扉，就更能夠用比較積極的態度，看待自己生命中發生的那些不愉快的事情。甚至慢慢會有一種期待：在每一個不愉快、每一個挫折後面，都有一個崛起在等著我。

《希望・新生》四季法語 114

橫在我面前是一道選擇題，究竟是工作非我不可，
還是母親更非我不可呢？

又到平常的餵藥時間，我如往常般，先倒了杯水，數好了藥的數量，喚了母親來吃藥。

沒多久母親拿著撕下的日曆紙走過來，神色清楚對我說：「今天是你生日欸！」我愣了一下，低頭看向母親手中的日曆，這才想起今天的確是我生日。

「我去幫你煮兩顆蛋！」母親二話不說就要進廚房，我趕緊拉住她。「現在過生日沒有人在吃蛋的，都是去外面吃，走，我帶妳去外面吃宵夜！」

我當機立斷牽著母親出門，已是夜深人靜，巷弄中來往的行人不多，月光照映下，我和母親並肩的身影，被拉得好長好長。

我辭掉台北工作回到台南後，每天穿梭在職場、研究所課業和照顧母親之間，蠟燭多頭燒，儘管我從不以為苦，對生日也並不掛心，但失智的母親，仍牢牢得記得我的農曆生日，讓我很難不觸動。

畢竟慶生對絕大多數人來說，是再平常不過的事，但在我們家，是一種奢侈。

我小時候住眷村，生活窮困，即使父親從事貨車司機的工作，收入不錯，但父親好賭嗜酒、成天在外找女人，工作賺來的錢往往大手大腳地花光，家裏只靠母親一人做手工、賣麵來貼補家用，一家五口擠在連間像樣廁所都沒有的小屋裡生活。

上廁所要到眷村的公廁，洗澡則是用柴火燒熱水倒在盆子裡洗，更別提廚房、冷氣、電視跟玩具了，那是一應俱缺。夜裡，五個人擠在二樓小小的樓板隔間，一個貼著一個挨著睡，久了也就習慣了。

只是夜晚也並不都是寧靜的。

父親只要在外頭喝醉了、賭輸了，回到家就是摔東西、打母親出氣。碰的一聲，又是鍋碗瓢盆砸到地上的聲音。

「你不要這樣！」母親試圖阻止父親繼續破壞家中所剩無幾的民生用品，但父親反手一抓，朝著母親猛踹、猛打。

「我難道還要妳管嗎？瘋女人！」

「不要再打啦、不要打！」儘管母親身材並不嬌小，卻仍經不住父親身強體壯地重擊，只能脆弱又無力地抵抗。

眼看父親將母親拖出門外，從巷子頭追打到巷子尾，鄰居們紛紛出來觀看發生了什麼事，看到又是父親的家暴場面，習以為常的他們也只會背地裡議論父親的不是，畢竟清官難斷家務事，誰也不敢輕易插手。就連奶奶和姑姑們撞見，也常是冷眼旁觀，這是那個年代，男性權力至上的無奈和淒涼。

而一股急欲逃離家庭的意念，自小便在心底悄悄生根。

好不容易撐到當完兵，即使放心不下這個家與母親，我還是選擇離家北上去讀專科、大學。半工半讀的日子雖辛苦，但認識了許多朋友，增廣了視野。直到出社會工作，我也依然留在了外地城市，持續賺錢，扣除房租和生活開銷，其他寄回老家，日子忙碌，倒也充實。

直到那一夜的電話打亂了一切。

我在電影院輪值工作，接到父親的來電，語氣急促，一長串說了很多，我只清楚聽到：「你媽媽出車禍要簽手術同意書。」

我不管三七二十一，急促地對父親說：「醫院給你什麼文件、同意不能因害怕而退卻，必要時得將自己的姿態再放低一些，更能夠理解長輩的需求。

書，你都簽就對了！」我將話說得堅定，父親依然拿不定主意。原來當面對真正的生死關頭，父親害怕了，不然也不會特地打給我，我趕緊通知二弟，要他趕往醫院。

「你簽就對了，你是家屬、是直系血親，你有資格簽同意書。」我吩咐二弟。

「不能讓爸爸簽嗎？」我聽得出來二弟在發抖，畢竟人命關天。

正因為人命關天，才不容退縮，我加重了語氣，不讓二弟再猶豫。

「你簽吧，我已經做最壞的打算，要是手術過程不順利，媽媽要不是一輩子臥床，就是人傻了，最壞最壞就是一路看著她死。」

所幸，手術順利，只是母親不再是我記憶中的模樣，她一個人都不認得，又癱又傻，甚至無法好好如廁，總是尿失禁，唯一能做的就是時間到了吃飯。

我想著這該如何是好？是不是要辭掉北部的工作南下照顧母親？此時

二弟卻站了出來，一手接下照顧母親生活的大小事務，吃喝拉撒、復健都由他操持，使我能放下心中的擔憂及牽掛，專心在台北打拼，支撐起家中的開銷，也能讓母親於復健過程中，不用為醫藥費用所愁。

好不容易，經過一年半左右時間，母親開始會認人了，可以從坐輪椅到站起來拿四腳拐走路，就連醫師都對母親的復原進度感到訝異。

這也讓我意識到一件重要的事情，不論病患是否能完全康復，長期照護是少不了親人的陪伴與支持的。

「你說什麼？」我驚訝地問，不敢相信自己聽到了什麼。

電話那一頭，三弟急得都要哭出來。

「爸爸說要媽媽把東西收一收，要我們明天就搬出去。」

那是大年初一的晚上，我人還在電影院值班。

「那你們要去哪？」我感到一切極其荒謬。

「不知道、我不知道！哥，怎麼辦？我們沒有地方住……爸爸不是說著玩的，他、他真的要趕我們出去！」

外婆、外公這幾年相繼過世，母親根本沒有娘家可回，也沒有朋友可依靠。我聽著三弟的哭聲，腦中思緒亂七八糟的。母親如今好不容易能靠著四腳拐走路，父親卻又藉著過年時節，責怪母親不幫奶奶準備年夜飯是不孝順，要趕母親出去。

我最早得知此消息僅以為是開玩笑，並沒有放在心上，但三弟又接著打了第二通、第三通電話，告訴我說姑姑們也回家了，和父親聯合起來對付母親，還揚言趕他們出家門。

二弟早在不久前因與姑姑們的嫌隙，被父親趕出門，如今母親行動不便，三弟又自小患有輕度智能障礙，被趕出去後能上哪？我當下就請學長幫我頂班，搭車連夜南下前去安頓母親跟弟弟。

從小，我對父親就沒有好印象。

打有記憶起，他就不是一位好丈夫、好父親，但母親從未興起離婚的念頭，而是百般隱忍，即使這段婚姻關係已名存實亡，母親似乎也不在乎。

我記得小時候，有次母親靠繡花好不容易攢出來一點錢，當天就去買了台會動的小玩具車給我們兄弟，那是我們有生以來第一次擁有玩具，大家好開心，爭搶著玩。結果那晚父親酩酊大醉回來發酒瘋，看到東西就

母親曾經如何養育我成長，我不過是反饋回到她身上，
照顧母親是我生活的一部分。

砸，車子哐噹一聲，就被拿起來重重一摔砸壞了。

我們三兄弟望著碎裂的車子，除了嚇得瑟瑟發抖，什麼也不敢做。母親趁著父親發洩完後回房倒頭就睡，連忙收拾殘局。

看見我們難掩失落，母親只能故作輕鬆地說：「你們也不用難過，至少不是連玩都沒玩到，你爸爸也沒有罵我們，就該慶幸了。」

母親算不上是一位慈母。她脾氣暴躁、缺乏耐心，時常打罵教訓我們；她也沒辦法提供孩子足夠的物質，也不曾盼望我們要出人頭地，但她靠著雙手的努力，拉拔三個孩子長大，腳踏實地地將我們好好養育成人。這份厚實的母愛，已經讓我們在父母之間，輕而易舉選擇了母親。

我急如星火地趕回家，一進門，母親和三弟像是看到救星般望著我，我心底閃過陣陣刺痛，和高漲的憤怒。

「爸人呢？」姑姑們你看我我看你，面面相覷，卻更讓我感到寒心。

那一次過年，我的怒吼聲，怕是整條街都聽得到，更讓我下定決心，

無論如何要讓母親搬出來。

　　而在重要節日擅離崗位，我差點工作不保。幸虧當時擔任電影放映部經理的體諒，加上我之前的工作表現，我不僅沒被資遣，後來還升官做放映部副理，那也是我在職場上遇到的第一個貴人。之後，我更加努力工作，才能平衡自己的生活和南部家人的開銷。

　　離開影院後，我接連從事過出版、文教相關工作，在文化產業算是做出一些成績了，那時我想，希望以後能深入耕耘這個領域。畢竟若是回到台南老家，能做些什麼呢？

「你必須帶你媽媽去看醫生。」住在母親隔壁的鄰居阿姨再次打電話給我，叮囑我回南部探望母親。

「我媽可能只是買東西一時忘記拿，要不然就是路上吃掉了。」我隨口就能想到幾個母親沒帶東西回家的理由，認為鄰居阿姨太過大驚小怪。

「一次忘記還有可能，但你媽已經忘記好幾次！我問她，她都不知道自己買過東西。還有幾天前我問你媽媽帶多少錢出門，一千塊啊，結果她回來的時候錢包裡一塊錢都不剩，也不見她買什麼東西回來。」

「會不會是半路又繞去哪邊，忘記拿了？還是媽媽藏起來了，只是阿姨您沒看到？」我還試圖合理化母親的行為。

鄰居阿姨斬釘截鐵，「不可能！你媽媽的衣服口袋、錢包我都再三檢查過了，什麼東西都沒有。」

我默不作聲，想著還有什麼被忽略的可能性。鄰居又補上一句，「平常我跟你媽媽一起做手工，她講話也反反覆覆的，我都聽不懂。我跟你媽媽每天相處，不騙你，她真的生病了！」

「她真的生病了！」這一句話徹底打醒我，我先是上網查找了與母親相似的病狀，並依照判斷，分別掛了神經內科跟精神科的門診。

一開始，醫師只說母親之前發生意外開過刀，腦部的確有些問題，要我們「再追蹤、再追蹤」，先用藥物進行保守治療，但母親吃了一段時間仍不見好轉，於是又去做斷層掃描，並以巴氏量表來評估母親的狀況。

長達半年的診斷，結果在在顯示，母親「失智」了。

神經內科醫師根據掃描影像判斷母親是「中度失智」，並表示母親多年前因受過腦傷，這使得她失智的情形只會越來越惡化，到最後就是如同植物人癱在病床上。

「癱在床上後會連餵食都沒辦法，因為病人沒有力氣嚼食物，需要仰賴鼻胃管。」醫生語重心長地看著我。

「這麼嚴重？沒辦法改變嗎？」

「沒辦法，最多就是延緩個幾年吧，讓惡化的速度不要這麼快。」

母親最後的這一段路，我不想缺席，只要能延緩，
將母親的病況調整到所能做的最佳狀態，就已足夠。

我看著片子，千頭萬緒，腦子不知怎地想起了當年母親賣麵時的身影。傳統市場喧嘩聲、叫賣聲不斷，有人擺地攤，有人賣菜、賣蛋、賣水果的，市場內琳琅滿目，人來人往，燙著一頭蓬鬆捲髮的母親就擠在其中一個攤位裡賣麵，與隔壁的攤位僅隔著一人能通過的距離。狹窄空間裡，日光透不進去攤位，都靠幾盞日光燈照明，鍋爐很熱，不停冒著熱氣。

客人進門了，母親就一一招呼著客人們坐下，認真數有幾位客人、要幾碗麵，頂著熱氣沖天的炎夏，也沒有什麼梳妝打扮的精力，簡單擦個口紅，看起來精神抖擻的模樣，便站在鍋爐前揮汗如雨地煮麵。

那口紅，沒消多久，也是花了，忙碌的母親也沒空在意，賺錢要緊。

忙碌一陣後的母親，同樣端了三碗麵過來我和弟弟們這桌，「趕快吃，吃完趕緊去上課了！」母親連珠炮似地叮嚀完，又走回鍋爐前繼續忙碌。我低頭扒著麵，母親的背影就著微弱的日光就這麼一直烙印在我心底，儘管母親早已不再賣麵維生，我卻多年來沒有忘記這抹身影。

從小學到高中，那段漫長的求學時期，我彷彿在記憶中多次凝視過母親低頭專注的模樣，她總是坐在桌前的小板凳上，小心翼翼地繡花、黏扣子，積攢手工錢來補貼家用。後來開始賣麵，夏日在鍋爐前揮汗如雨，冬日蹲在地上用冷水洗鍋洗碗，烈日寒冬，卻絲毫不影響她對孩子們的付出。我細想這幾年，我與弟弟們皆已成年，我北上打拼，將母親交託於二弟、三弟，但二弟對當年被父親趕出家門記恨於心，後來成家立業，有了自己的生活，探望母親的時間少了，照顧母親的重責大任幾乎都落在三弟身上。

三弟自理還行，若要盡心盡力照顧另一個人，怕是心有餘也力不足，母親身體本就不好，既沒人細心照護，又仰賴鄰居扶持幫忙，長此以往，失智後的母親怕是病況就此一落千丈。

母親當年能以一人之力拉拔我們三人，那我們呢？

如今橫在我面前的就是一道選擇題，繼續在台北做著穩定收入的工作，另找人照料母親或是我回台南親自看顧？那究竟是台北的工作非我不可，還是母親更非我不可呢？一個又一個問題蹦出來找我討解答。

我沒有多想，答案是肯定的。母親只有一個，她非我不可，若公司需要人手，還有人能替代，我更不希望因為我的缺席而造成任何生命中的遺憾。因此我很快便辭去台北的工作回台南老家，一肩扛起照顧母親的所有事宜，一如當初二弟的義無反顧。

「媽，吃藥了。」

「不吃！」說到吃藥，母親總是閃躲，讓人十分頭疼。

「媽，該測血糖量血壓了。」

「不要不要，痛啊！」母親每次只要看到我手拿測血糖的工具，就會嚇得哇哇大叫，光要抓住她並順利測到血糖就是一件難事。

好說歹說不成，我只好跟母親大小聲，讓她乖乖就範，可是每日看到母親那害怕閃躲的模樣，又讓我不捨。我理解母親的排斥是出於本能，今天要是有個人拿刀子出來，你肯定會跑，因此當有人拿針要戳你的時候，你一定會躲，於是我開始想法子，用聊天、說話的方式來吸引母親注意力。

特別是留意到母親有幻聽跟幻想的症狀後，不如陪母親演個戲？

「我爸爸看到你的畫很漂亮。」

「那您爸爸有沒有來看我啊？」

「我爸爸今天沒有來看你，那你爸爸有沒有來看你啊？」母親輕晃著腦袋，像在思考。

「我爸有來看我。」我抓到機會，一說完，啪一聲就趕緊將測血糖的針扎下去。

照顧長者不只是照顧，更有保護的意念在裡頭，
懂得保護，才能更好的照顧。

母親輕輕呀的一聲，著急要抽掉手，我已一兩秒間迅速完成動作。

測量血糖血壓、按時吃藥，這都只是照顧失智家屬的一小部分日常。回台南後，我將照顧母親視為首要任務，因此找工作的工時要夠彈性，能讓我以母親為重，我便從清潔工做起，就像當初我北上時第一份工作就是清潔工，醫院的清潔工、學校清潔工、火車站清潔工，只要是能賺錢又能同時兼顧照料母親的工作我就去做！

夜裡，我也跟母親同睡，房裡有便盆椅，方便母親隨時有起床如廁的需求。母親已分不清時間概念，白天、黑夜對她來說都是一樣的。有好幾次她睡到一半突然起身，覺得自己睡飽了要去走路，使我哭笑不得。

某天深夜，半夢半醒間，我聽到樓下似有開門聲，一轉頭發現母親已不在身旁，定是又偷跑出門，我便趕緊跟上去。

自從母親失智後，曾走失過幾次，幸賴鄰里幫忙，順利尋回。母親走失時的路線都是她失智前，慣常走的生活路線，因此我便開始每天抽出一

小時陪母親散步，走固定的路線，讓母親養成一種習慣，照著這個習慣模式，哪天母親要是走失，也定能在熟悉的路線中找到母親。

我跟在母親身後不出聲，她果然是沿著我們每晚散步走的路，走到約莫一半時，我裝作不經意巧遇上前。

「欸，王太太，妳怎麼在這裡？」

「王」是母親的原姓，母親多年來一直被稱為「董媽媽」，許是失智後喚起了她內心深處的某些創傷，每每聽聞到「董」這個稱謂，母親臉色總會微微轉變，我發現後就要街坊鄰居，甚至是有照顧過母親的居服員改稱她「王太太」，久而久之，大家、包括我，都叫母親為王太太。

母親像是醒了過來，睜大眼睛看著我，「你怎麼也在這？」

「我出來走路啊，妳怎麼在這？」

「我也出來走路，我要去找你啊！」

我便打蛇隨棍上，編了個話術，「我剛下班，很累，得回去休息。那我帶妳回家好不好？」

「好，回家。」母親點點頭，我便牽著她又往家裡走。

「現在幾點啊？」

「晚上十二點了。」我瞄了下錶。

母親看向我手上的手錶，「喔，都要三點啦！」

我愣了一下，低頭再確認，「現在才十二點，哪來的三點。」

母親還有些執拗，拉過我的手不停嚷嚷，「你看你看，明明就要三點。」

我知道母親又陷入自己的想像空間裡，也不跟她爭辯，「好，晚上太暗，我剛沒看清楚，都這麼晚了，我趕緊送妳回家。」

在那之後，每次睡前我都會確實檢查門是有鎖起來的，避免母親半夜時又一溜煙地跑出去。

後來機緣巧合下，我到醫院做清潔工時，看到有的照服員替長輩們翻身沒翻好，我便會去幫忙，因此受到醫院重症呼吸照顧病房護理長的注意，她得知我過去的工作經歷及現況後，建議我去考居家照顧服務員，也能去養護中心，並且把媽媽送過去。

我想這倒不失為兩全其美的辦法，便去上課，參加培訓，準備考證照。過往在台北時我也曾有跟居護跑過個案的經驗，長照的課程對我來說得心應手，也正式開啟往後我與長照工作的密切連結。

只是儘管我考了相關證照，擁有一定的經驗，卻礙於法規，三等親內的長照不能申請照顧服務費的津貼。如果送母親至長照機構，所費開銷也甚大，幾番考慮下，我萌生自行開立長照機構的念頭。

一個人的「生」已無法規劃與選擇，
那老、病、死的課題若再放任不管，最終苦的還是自己。

我請一位具有護理背景的朋友來協助開業，成為了機構業務的負責人。然而在經營的過程中，我逐漸發現彼此理念不合，同時長照機構都會遇到的難題也一一接踵而來。最常見的便是照服員素質參差不齊，絕大多數照服員來到機構只是為了糊一口飯吃，並非真心投入長照，當然也不明白我設立機構背後的用意。

為了照服員素質問題，我多次與朋友於員工訓練的問題發生爭執，皆不了了之，甚至被質疑一意孤行。

回想開設機構初衷，第一是為了方便照顧母親，第二是希望建立起一套良好的長照訓練系統，讓機構的素質越來越好，將正確的長照理念傳承下去。以及開設機構後我也發現自己的不足，畢竟我真正進入長照領域不過幾年的時間，養護中心及日照中心我都沒待過，自認為實務方面尚有不足，想再到外頭多磨練，但朋友卻再次誤解我的用意，以為我要就此拋下機構不顧。

後來，幾次溝通還是沒有共識，最終開業了一年多便停業了。但我也並未因此灰心，開設長照機構是照顧母親的一種方式，一個不行，那我便再嘗試其他方法，未來有機會再重新開業，也並非不可能。

當然我也曾預想過開業的不順，因此後來除了照顧母親，研讀長照碩士一事讓我更加心急，如果碩士班畢業，成為講師，我能將更多從實務及過往經驗所獲取到的知識傳遞給學生，甚至是自己的學弟妹，將教育傳承下去，這也是我踏入長照後，最想做的事情之一。

從過往的經歷中，我很清楚地體悟到一個人的「生」已無法規劃與選擇，那老、病、死的課題若再放任不管，最後苦的還是自己。我因母親關係，因緣際會踏上長照這條道路，了解到若是長照做得好，那是先讓跟你有緣的人離苦，再來自己也才能離苦，說穿了這也是人生在世的一種修行。

停業後，我反而更加忙碌，我一邊進修學位，補充理論知識，同時我也樂於與學弟妹分享我自身累積的實務經驗。目前台灣剛剛踏入高齡社會，長照產業卻未成熟，相當缺乏人才，我因擁有相關經歷，上門求助的人不少：有請教開業問題的、朋友開設的長照機構臨時需要居服員的、活動和講師邀請的……我一概來者不拒！曾經在我和母親遭遇困難的時候，有人伸出援手，有人多關懷了幾句，如今我行有餘力，就想回饋他人。

除了課業，我也先後去了養護中心和日照中心工作，並一再驗證我所觀察到的長照現況：許多將長輩送到長照機構的兒女們，認為只要付了錢，就可以撒手不管，不用陪診、不用照料三餐、不用看顧生活起居，只要幾個月來看一次父母，就當作是盡到為人子女的責任，全然不顧老人家沒有兒女可依的心酸與淒涼。

更甚者，因為近幾年新冠肺炎的關係，長照機構禁止訪客，家屬們連最後的探視都省了，更有一種心安理得的想法。

「林先生，因應政府防疫，機構現在仍禁止訪客喔！」我在電話裡告知現行的探訪規定。

「沒問題、沒問題，我了解，我媽就交給你們了，我在忙，先掛了。」就算隔著電話線，我也能感受到家屬鬆了口氣。

我心頭無奈，繼續打給第二個、第三個、第四個家屬……

一通又一通的理所當然的回應，花錢了事，讓我聽後無限唏噓。想到機構中有的老人家長期臥床，壓瘡很嚴重，常常流膿；有的長輩脾氣不好，三天兩頭責罵照服員，其實他們需要的不僅僅是生理的療養，還有心理的照護。我非常清楚，這些老人家渴望的是與子女通上一通電話，或者見上短短的一面也好，但這樣微薄的願望，是那麼難以滿足，防疫規定更

長照的路途不容易，但我學著優化自己的心，
這不是一種強而有力的改變，卻會在路途中逐漸達到一種心理上的平衡。

帶來了一個絕佳的藉口，看多了後，我也只能接受這樣在眾人眼中早已麻木的事實。

夜裡，有位阿姨不停吵著要上廁所，我陪著她過去。

阿姨跟母親一樣，走路總不抬腳跟，拖著腳尖磨地擦擦擦地走路，這種走法容易跌倒。若是母親，我總會板起面孔盯著她走，每天走，一走就是一個小時，這是我再忙也會陪伴母親做的事情。

阿姨身體沒有什麼大毛病，頂多就是走路不穩妥，兒子還是公司的老闆，生活無憂、腦筋也很清楚。我抓住機會問她為何來這呢？待在家裡不好嗎？

阿姨沉默半晌，「……這是我兒子替我選的，說來這裡好，生活飲食有人照顧，還有人帶活動。要是在家的話，也沒人理我、沒人管我。」

我話鋒一轉：「但在家您兒子還是會陪您說說話聊天吧？」

阿姨聞言看似更加落寞，沒有回話。

「那我們不講話，再走一段好不好？走到前面教室就好，一小段，再慢慢走回房間。」

夜晚的走廊很安靜，我看見阿姨輕輕地點了頭。我們一小步一小步，緩慢走著。

走著走著，阿姨突然開口：「我兒子……從來沒牽過我走路，從來沒有。如果他有的話，那我今天也不會落到得拿四腳拐才能走。」

我思索了一下，「那您的媳婦呢？」

「別提了，倆夫妻都把我晾著。」阿姨嘆了口氣，「人老了，不中用啦。」阿姨沙啞的嗓音透著一股淡淡的悲傷。

我雖明白也看在眼底，卻不好再多說，兩個人就一路靜靜地走回房去。

我將長照劃分為「七分護理、兩分社工、一分心理」的十等分概念。照顧長者不只是要看護，更需要有保護的意念在裡頭，懂得保護，才能更好的照顧，而一分心理是0.5的長輩與0.5的自己。長輩有時跟孩子沒兩樣，除卻生理照顧，更要有心理照顧，兩者融合，才能成為真正的一。但這一分，並不容易。

實務上，我體認到自己無法改變個案家屬們的便宜行事，也無法因為長輩們不肯乖乖吃藥、吃飯，亂發脾氣耍任性，就跟著發怒。即使被長輩抓傷，甚至是長輩如廁時玩馬桶水引發層出不窮的混亂，都只能找方法一一化解就像我對待母親一樣，用演戲、用說笑，嘗試轉移他們的注意力，繼而達到目的。

我能做的是從我的0.5去做改變，彎下自己的身段找到彼此相和相融的相處方式，能既不傷害彼此，也讓我順利工作。

也幸虧有照顧母親的經驗，讓我在實務上更能找到方式解決，工作之餘，我也帶母親一起下廚。

我來掌鍋，她就幫忙洗菜、洗碗。偶爾母親吵著想吃餅，家裡又有麵粉，我就買根蔥，拉著母親一起揉麵、擀麵，自己做餅，還能讓母親練手。儘管她手勁不夠，麵團也發不起來。但母親就像是玩遊戲般，開心就好，同時這也是一種復能的訓練，這跟養成每天走路的習慣是一樣的，培養一種固定習慣，讓她每天練習，也能幫助她延緩惡化的狀況。

我也同時享受著陪伴母親的時光，看電影、逛百貨公司，像是小時候未能一起好好享受的，趁著現在的機會，反而能帶母親盡情享受一番。就算只是一個電影預告，兩人也能坐在座位上嘰嘰喳喳個不停，討論著這個人跟誰在一起，現在在哪裡，做了什麼，打算去哪？怎麼去的？透過聊天，刺激母親思考，這都是幫助母親復能的好方法。

我也樂此不疲。

只是母親有個習慣，每十五分鐘要上一次廁所。因此不論我帶母親去

一分心理是0.5的長輩與0.5的自己，生理與心理兩者融合，
才能成為真正的「照顧」。

到哪裡，特別是大城市，我都喜歡帶母親到百貨公司，包括平常的散步路線。我都將母親如廁的需求考慮進去。路線中肯定會經過加油站、火車站、捷運站，都是有提供洗手間的地方，或者找個餐廳，點杯飲料，就為了進去上廁所。每次出門總是如此不厭其煩，因為，她是我的母親。

在工作上也常遇到這類情況，剛帶一位長者去廁所回來，坐下沒多久換另一位長者要去上廁所，有的照服員容易不耐，脫口便是：「你剛剛不是去過？」

但我也同樣在母親的「訓練有素」之下，習以為常了。長照的路途雖不容易，但我學著優化自己的內心，它不是一種強而有力的改變，卻會在學習當中逐漸達到一種心理上的平衡。我試著不斷、不斷，將這一分心理的概念放在心底，並且徹底實踐它。

當然，除了「七分護理、兩分社工、一分心理」的概念外，我也把跟母親的演戲，搬到工作上來運用。

黃阿姨是最近來到機構的患者，她總是喜歡罵髒話，對其他病患也很不客氣。偏偏有一位洗腎的老伯伯，失語又失智，只會坐在同一個地方等兒子來接他回家，有時候不小心坐到了黃阿姨的椅子，黃阿姨就會硬把他拖下椅子，啪一聲，老伯伯重重摔在地上。

同事們一旦看到，就會當場怒斥黃阿姨，一時情緒激動控制不住音量，揚著高分貝的音調又念又罵，而我始終無法忍受這般高亢的嗓音。許是小時候在父母不停爭吵的環境中成長，沒少捱過父母責罵，如此大聲的怒吼和叫罵，總讓我覺得不適。

所謂「己所不欲，勿施於人」，一個正常人都無法忍受的事情，又怎能套在已經失智的長者身上呢？

因此每當看見黃阿姨又在欺負其他長輩時，我會走過去輕輕地說：「黃阿姨，他真的很可憐，你這樣不好啦，不要這樣對他好不好！」黃阿姨理直氣壯地反駁回來，指責是對方坐了她的椅子。

我同意黃阿姨的說法，說我清楚對方有錯在先，但黃阿姨也不能用這種粗暴的方式對待別人。一次勸說黃阿姨聽不進去，我就多說幾次。

我知道黃阿姨喜歡唱歌，唱〈榕樹下〉、唱〈選擇〉，我會邀請她一起合唱。我們都唱得不是很好，但投其所好的音樂互動會迅速拉近人與人之間的距離。黃阿姨對我的態度有所軟化，我贏得了她的信任，獲得了她的認可、能夠「服務」她，她也比較願意聽我說話，不再去騷擾別人，也大大減少了隨意罵人。對我來說，能做到這樣就夠了。

有許多老人家一進到養護中心就急遽衰弱，除了有時是心理過不去，還有的是怨嘆子女，在生理心理都不平衡的狀態下，病況就會越來越糟，而做為一名照顧服務員，如何解讀長者們的心態，變得至關重要。

因此從演戲繼而將之視為表演，這個環節中，我學習到非常多。

好比母親，她不只一次提起早已過世多年的外公。

「你剛剛有沒有聽到我爸說話啊？」

我正牽著母親散步，知道她幻聽毛病又犯，便順著說，「那您爸爸跟您說什麼呢？」

「你自己問他啊！」

「我問了，他不跟我說。」我順著母親的劇本演起來。

「一定是你問得不對，你再問一次。」

我搖頭苦笑，「可能是我跟您爸爸的頻率對不上，難怪他不跟我說。」

「鄒伯伯來了。」母親的嘴裡又蹦出另一個陌生的人物。

「鄒伯伯來幹嘛呢？我怎麼沒看到他？」我假裝環顧四周，當然是一

「己所不欲，勿施於人」，一個正常人都無法忍受的事情，
又怎能套在已經失智的長者身上呢？

個人也沒有。

「就在我們前面啊，你怎麼可能沒看到。」我相信在母親的視野中的確有個新「角色」，於是又說：「我忘了戴眼鏡，沒看清楚。」

「你的眼鏡不是戴在臉上了嗎？」母親一臉狐疑轉過來看著我。

「喔，我這是老花眼鏡不是近視眼鏡。」我煞有其事地對著前面喊：「鄒伯伯好！」

母親微微笑著，看起來很滿意。

這是每次我最心滿意足的時刻，儘管母親也分不大清楚笑跟哭了，但我喜歡看母親笑，這一天的疲憊，也就悄然而逝了。

許多人會害怕幻象，畢竟看不見的東西，容易感到不舒服，但我知道不能因害怕而退卻，作為一名於公於私的照服員，傾聽患者的需求，將自己的姿態必要時再放低一些，會更能理解他們心中的那塊0.5，我也因此，從跟母親的相處中，找到越來越能安放自己與母親的方式。

有了實務經驗的積累，和照顧母親的觀察結合，讓我對長照事業中的教育傳承更加重視，且認定是未來非做不可的事情。長照是未來每個人都可能面對到的課題，因為生命總有盡頭。死前的恩恩怨怨，愛恨情仇或者牽掛束縛，在最後這一刻，都要塵埃落定。

我和病患的女兒站在加護病房前等待，她一臉心急如焚，「我媽是怎麼了？怎麼突然這麼嚴重？」

我跟她講了些病患平日的照料狀況，並從生理與病理角度向她解釋應該要怎麼做。

「那……那我是不是做錯了什麼事？是不是我沒有照顧好我媽媽？我肯定哪邊做錯了……」她臉上充滿無助和錯愕，不停喃喃著。

我婉轉勸慰，「畢竟有年紀了，因為年老衰弱導致病情急轉直下也是有可能的。」

她像是沒有聽到般，失神地盯著加護病房門口。

我想起病患平日時常咳嗽，女兒卻一直漠不關心。每次提醒女兒病患的狀況，她總跟我說：「我很忙，真的很忙，等會兒還要跑很多個地方辦事情、買東西。」

每每聽起來，總讓我感覺這些瑣事似乎比起她母親更為重要。只是這一次，就算她意識到哪兒做錯了，卻再也無可挽回。就像人們常說的，樹欲靜而風不止，子欲養而親不待。

母親尚未失智前，我曾經問過她，「外公過世您有沒有遺憾？」

因為外公的離去，並未讓母親難過很久，她在葬禮上掉了幾滴眼淚，之後便正常地過自己的生活。我好奇難道母親不會捨不得外公嗎？外公外婆和母親關係親近，在母親困難的時候，也只有外公外婆對我們伸出援手。

「什麼叫遺憾？」母親看著我，似懂非懂。

我想了下，「就是覺得沒有照顧到爸爸？」

母親一臉坦然，「沒有。你外婆過世後，我都去幫你阿公煮飯啊，中午煮，晚上還留了一份給他吃，每天都有關心他。」

外婆過世後，外公總鬱鬱寡歡。當時我已有過看護經驗，很快便察覺到外公的不對勁，於是提醒母親要多注意外公狀況，要常去外公家走動。

當時的母親因出過車禍需要靠拐杖走路，仍不辭辛勞，每天回娘家為外公烹煮三餐。外公生養了五個孩子，只有身體不靈活的母親在外公最需要人的時候，唯一盡到了子女的責任。

當年發生的所有事我知之甚詳，再看看母親，知道她是發自真心這麼說，也替母親感到放心，「沒有遺憾就好。」

當下我很清楚地意識到，母親已用她所能盡力做到的陪伴，陪著外公走完最後一段路。那我呢？我行路至此，是否也已用盡我所能？

若長照做得好，是先讓跟你有緣的人離苦，
再來自己也才能離苦，說穿了這也是人生在世的一種修行。

在母親失智後，我選擇手把手帶著母親的方式照料著她，這也是我借鏡當年二弟的方法。母親車禍後，依靠二弟貼身照料，讓她後來以超越醫生所估量的狀況，恢復得更好。我就想，母親雖已被判定是中度失智，但如果我能持續不懈地陪伴，就算無法讓她恢復到失智前，至少平常生活能與常人無異。

這一路上，陪伴母親的路還在走，外人也常以孝子眼光看待我，認為我犧牲了許多的時間，少了成就自己的機會，但我並不如此以為。母親曾經如何養育我成長，如今我不過是反哺，且照顧母親沒有給我增添太大的負擔，是我生活的一部分。

我是人，需要吃喝拉撒，母親也是人，有同樣的生理需求，我將兩者綑綁，就不覺得是額外的工作。難免會有疲累的時候，但我能申請喘息服務，偶爾也能請朋友、鄰居幫忙照看。更重要的是，母親最後的這一段路，我不想缺席。醫生早已告知我母親的病況只能延緩惡化，而我所求的，就是盡量調理母親的身心到所能做的最佳狀況，那就夠了。

某次過節，趁著聚在一起，我告訴二弟，哪天母親過世我是一滴眼淚都不會掉的。因為陪伴母親這一路走來，我可以很驕傲地對外人說：「我沒有遺憾了。」

孝順父母，重要的是不留遺憾。

士輔上學離家後，便在遙遠的北部建立起自己的生活，也找到了理想的工作，可一通又一通家人的電話，將他拉回去那個養育他長大的城市。母親歷經婚姻不幸、車禍，至晚年失智，士輔皤然醒悟反哺的責任，於是毅然決然放棄一切，回鄉照顧母親，甚至發揮大愛，投入長照事業，盡其所能為這個產業付出，希望能將更多正確的理念傳達給他人。

他也從中觀察到許多問題：請人來照顧父母，就算是做到子女的責任嗎？那些被安置的老人，最需要的又是什麼呢？

但人生問題糾結複雜，又有多少人能夠做到像士輔一樣犧牲奉獻？而犧牲奉獻，又一定是正確的選擇嗎？或許就如士輔曾問母親的那一句話：「您有遺憾嗎？」母親的回答是，「我付出過、我陪伴過，我沒有遺憾。」

孝順父母不是犧牲自己，重要的是別讓自己和父母的人生，留下遺憾。

不留遺憾的五大指南

◆社會已逐漸察覺長照產業的重要，不論是要親自照護，還是為父母選擇長照機構，都可以多做功課，為父母和自己找到生活的平衡點。生活一旦失衡，只會將所有人都困在深淵裡。

◆將長輩送往長照機構並不是錯，但仍須和長輩好好溝通，別讓長輩心裡有所齟齬，好心卻辦了壞事。

◆長照服務只是協助，不代表我們能夠因此拋開所有責任。定期探望父母，就算是每天和父母通話也好，了解他們的身體狀況，才能在有需要母親已用她所能盡力做到的陪伴，陪著外公走完人生最後一程。
那我呢？我行路至此，是否也已用盡我所能？

的時候知道自己該怎麼做。父母所求不多，在乎的也只是子女的關心而已。

◆親自照顧父母的照顧者，辛苦了！記得每天觀察並記錄長輩的狀態和自己照顧的量能，別忘了關注自己的身心健康，過程中如果感到吃力，可以適時伸手善用社會資源的協助。

◆當失智長輩陷入自己的想像空間時，多給予他們安撫或支持。可以跟他們一起演戲，不要直接修正長輩的行為，多善用同理心和包容心，像對待孩子一般和長輩玩遊戲，自然能夠找到彼此和諧的相處之道。

謝謝你，讓我看見愛的力量

楊春茶 文／張詠琦

當許多善良、正直的人聚在一起相互幫忙，也去幫忙那些甚至是素不相識的人，就會在這個世界上創造一股溫暖的氣息。如花般的暖意，就在世上盛開。

《希望．新生》四季法語 035

我以為的衝突其實只是她下意識的反應，
她以習慣的方式同樣在為這個家付出。

「過幾天我想要帶爸媽去打第三劑疫苗。二嫂，爸媽的健保卡放在哪啊？」中午用餐時，小姑突然放下手上的筷子問起這件事。

我遲疑，「可是爸的感冒才剛痊癒，身體還很虛弱，要不要過一陣子再說？」

「現在疫情這麼嚴重，老人家還是要打完疫苗比較安心。」小姑堅持地說。

「爸媽年紀大，我是擔心打疫苗對他們身體負擔太大了。」

「不用想那麼多，很多人都已經完成接種，隔壁的陳阿姨也打過第三劑了，很安全啦！」

作為平常隨侍在旁的主要照顧者，我最是了解公婆的身體狀況。因為憂心，忍不住就與小姑各執一詞，講得急切，音量也不自覺提高。

「這點小事，也值得妳們吵得面紅耳赤？」公公打斷了我和小姑的爭執，委婉地說：「我能活到幾歲都是老天爺決定的，妳們不用這樣子費心、煩惱，有話好好說。」

「那爸爸，您要不要去打疫苗？」小姑直接問公公。

公公輕輕搖頭說：「我現在人還沒有恢復過來，所以我不要打。」

「媽呢？您要不要打疫苗？」小姑轉頭又問婆婆。

「喔，妳說要打就打吧，如果妳認為不用打，那我就不打，看大家怎麼說，我就怎麼做。」九十六歲的婆婆揚起嘴角，溫和地回應小姑。

公婆的寬容和藹，不禁令我汗顏。記得公公以前時常鼓勵我，要保持一顆平和的心，不管發生任何事情，都先冷靜面對；多看別人好的一面，不去計較他的壞處，放開心胸多多包容，自然也就沒有衝突和爭吵。然而今天我只想著怎麼說服小姑，沒有考慮到小姑的建議出自於關愛父母的心意，再者，身為晚輩，我無論如何都不該在公婆面前與小姑爭論，這不是教老人家左右為難嗎？

搬回嘉義與公婆同住，一轉眼就是十年。這十年間，與其說是孝順照顧老人，實際上是公公這位有大智慧的長者，以他的人生教導我、帶領我，給了我莫大的正面力量。

我的前半生，算得上是順風順水。

我成長在普通務農人家。因為是傳統家庭裡的女孩子，從小就被長輩要求得勤快努力，家務事沒一件可落下，這一刻在田裡幫忙，下一刻農事做完了，兄弟們去玩耍，我得再趕到廚房，墊個小凳子站在大爐灶旁炒菜、燒飯。

我心裡常因此不舒服，但父母親給我的愛並沒有減少半分，每天為了一家生計辛勤奔忙，我只有更用心打理家務，分擔雙親肩頭上的壓力。

後來考上大學，在社團認識我的先生，他是大我三屆的學長，我們有共同的話題，一起參加社團，學習佛法，自然而然牽起了彼此的姻緣。直至畢業後工作，二十八歲時我和先生踏入結婚禮堂，成為相扶相持的人生伴侶。

雖然北部的工作薪資優渥、生活水準高，但在還沒有高鐵的年代，返鄉探親交通費時，大大壓縮了天倫之樂的時間。我跟先生都是愛家的人，討論後便決定定居中部，即使工作待遇沒有北部好，但離彰化娘家、嘉義婆家都近一些，有更多機會與家人相聚，也就值得了。

每個週末帶孩子回去看爺爺奶奶，總能感受到公婆的歡喜溢於言表，還會特別用心準備我和孩子喜愛的吃食，回到家後，公公立即捎來關心的電話。

「你們平安到家了嗎……春茶，謝謝妳喔，妳把孩子們照顧得那麼好，辛苦了！」比起含蓄的娘家家人，公公時常直接表達他對家人的情

原以為與公婆同住是盡孝，
沒想到我收穫更多的，是公公帶給我的生命能量。

感。

最初聽到公公直白的感謝，我很是不知所措，對我來說，做人媳婦，照顧好家人是理所當然的一件事。但來自長輩的肯定，令我如沐春風，也深深體會公公疼愛我如同自己的女兒，能擁有這樣一對公婆是多麼難得的緣分。

婚姻是來自不同家庭的結合，總不免會有些摩擦。偶爾耳聞同事的遭遇，我總慶幸自己的好運，與公婆的相處充滿尊重與關懷，沒有不合理要求或情緒發洩，長輩的身體也都硬朗，讓我可以安心工作與教養孩子，沒有後顧之憂。

有穩定的工作、和樂的家庭，以及活潑健康的子女，我別無所求。

直到我決定提前退休，和先生搬回公婆家，我因此陷入了人生最低潮。

「我在想，爸媽年紀都大了，我打算辦理退休搬回老家住，多陪陪爸媽。」先生有天突然說。

「啊！現在嗎？」先生的想法來得如此猝不及防，我有點驚訝，但先生渴望盡孝，我實在找不到什麼反對的理由，又覺得委實過於倉促，想了想後說：「我還要過幾年才能申請退休，再等我一兩年好嗎？」

我沒有預料到的是，要放下自己熱愛的工作，離開熟悉的生活環境，轉換到下一個人生階段，竟是我有生以來最困難的事。

開始察覺不對勁，是在準備退休的前一年。

作為藥師的我，照常走進辦公室，看著藥櫃上排列整齊的瓶罐，與同事們討論著病人的狀況，如魚得水。然而下班回家後，我出現吃不下、睡不著的症狀，夜裡翻來覆去，負面的念頭盤桓不去，彷彿清醒著做夢。

「我還不想退休！我想工作！為什麼要我退休？」

「我不想離開這裡，我不想離開我的朋友，我的生活都在這裡啊……」

對比先生滿心期待返鄉，我表面雖平靜如常，但焦慮的潮水在內心深處波濤洶湧，侵蝕著我。而對藥物熟悉的我，太習慣不舒服就吞藥的選項，焦慮吃這罐，失眠吃那瓶，我選擇將所有負面的情緒用藥物壓下去。

但陰鬱的情緒並未就此放過我，在剛退休的那幾天更是達到了巔峰，過去那個做事勤快、有條不紊的自己，竟連簡單的搬家打包都辦不到。

不久就要遷出住了快三十年的宿舍，我看著滿室的物品與紙箱，一堆一堆的，這堆應該要繼續放在台中房子吧？那堆應該要帶回婆家吧？我心裡這樣想著，卻仍然呆坐在地，沒有半分動手的慾望。

我要如何將「家」劃分為兩半？

「我沒有辦法搬家，我不知道現在該怎麼辦！我不行了！」滿腔焦慮下，我選擇向兒子求救。

「沒關係，媽媽您不要擔心，搬家公司我來找、東西我會整理，放心交給我吧。」兒子一邊好聲好氣安撫我，一邊幫忙將所有東西分類、打包裝箱。滿室家當送上搬家的貨車後，我覺得心底也跟著空蕩蕩的，那些曾經熟悉的生活、熟悉的家園，都徹底消失了。

我好似跟著失去了原本的組織能力與熱情，或許還有潛意識對工作的不捨，我甚至忘記將藥師執照撤銷登記。

帶著還沒整理好的心情搬回嘉義公婆家，迎接的更是一團混亂。

我根本沒做好與公婆同住的心理準備，一廂情願地以為一切會如從前那般簡單，畢竟剛結婚時，蜜月假期也是在公婆家度過，逢年過節也會住上兩三天；孝順父母這件事，只要有定時做飯、噓寒問暖，仔細打點好生活。跟公婆相處應該不難吧？

只是，我忘了自己說話直率、個性外向，喜歡與人談天，反觀婆婆個性慢熱、話不多，習慣安靜做事，我們就像是水平線上的兩端，兩種截然不同的人。所以初期光是與婆家生活習慣的磨合，就進一步加重了我的憂鬱症。

婆婆長年操持家務，對於家事自有一套做法。每餐飯後洗了碗，碗架

陪伴長輩必須學習放下標準和完美的執念，
安於做好陪伴的角色，才是照顧者應該做的事。

上排列再怎麼齊整，婆婆還是會親自動手調整順序；偶爾在客廳、廚房、書房間穿梭，忘記關燈，婆婆就會跟在我身後一盞一盞地關掉，嘴裡叨念著：「哎呀，電燈怎麼又沒關！」這句話平平淡淡沒有情緒，我卻覺得格外刺耳，彷彿在提醒我做錯事了。

其實婆婆從未惡言惡語對待我，理智上我明白婆婆的行為只是她下意識的反應，她以習慣的方式在為這個家付出，這是她數十年來的生活規律，換作是我，或許也會在無意間做出相同的舉動。然而當時已深陷負面情緒的我想不到那麼多，以為婆婆在嫌棄我，於是懊惱自己什麼都做不好、達不到婆婆的要求。

我開始做噩夢，在睡夢中不斷地奔跑、被嚇人的猛獸傷害。夜裡睡不安穩，白天也無法補眠，我的大腦充斥著滿滿的思慮，一刻也安靜不下來，我害怕一旦睡著了，那些夢境會再度襲來。

先生帶著我去求醫，狀況也得不到太多改善。我的不安難以用言語表達，醫生進入不了我的內心，無法感同身受我的心情，我就如同一棵樹被硬生生連根拔起，移植到一片陌生的水土；我的人際圈、藥師身分的光環與認同，一夕之間消失殆盡，生活只剩下公婆和先生，我掙扎著融入別人的日常，在一成不變的日子裡努力扮演好家庭主婦的角色。

在看似暗無天日的憂鬱之中，我時常在心底告訴自己：「我要努力，我不能病倒，起來吧，起來吧！」但呼喚的力道在負面情緒的狂風侵襲下，是那麼微不足道。

我一方面擔憂自己病倒了，年事已高的公婆、父母親將無人照顧，企圖努力振作；一方面這樣的憂慮又進一步推我入更黑暗的深淵，陷入了死循環，在幽暗的情緒中反覆掙扎。

我以為憂鬱症是老天給我最大的考驗，但當時的我不知道困難還會接連發生，一波未平一波又起。

「檢查結果出來了，是大腸癌末期。」身為醫生的弟弟沉痛地宣告。

「媽媽大概剩下半年的時間，若是做化療、開刀，或許還可以再多活三個月。」

身體健康、說起話來中氣十足的母親竟然病倒了，我一面適應著婆家的生活，一面強自打起精神陪伴癌末的母親，大半年在家裡醫院兩頭忙。

日子過得飛快，我親眼看著至親之人消瘦憔悴，一步步邁向死亡，卻無能為力，內心極其難過不捨。我疑惑為何死亡來得如此突然、迅速？為何在我最脆弱的時刻，還要讓我面臨這樣的痛楚？

但為了不讓母親在生命最後的階段還要為我操心，我壓抑著自己的情緒，暫時不去想那些令我痛苦的事情，只想好好把握能跟母親相處的每一寸珍貴時光。

我盡我所能地陪在母親身邊，藉由聊天和運動，希望減緩母親的病痛，同時暗自祈禱，可以這樣一直握著母親的手，多一天是一天。但我也清楚，奇蹟是一個多麼渺茫的奢望，我也只求母親人生最後一段路，能無牽無掛。

或許是近距離直面死亡，思索與親人告別的議題，讓我對生命有了深一層的感觸，也悄悄鬆動了心底的鬱結。

不過，最終還是公公以他的智慧，拉我出憂鬱的低谷。

在我退休前幾年，公公出現嚴重健忘的情況，出門不是忘了帽子，就是忘了眼鏡，來來回回總得折騰一個多小時才離得了家。踏出家門，他又會忘了自己住在哪裡，三番兩次過家門而不入；更糟的是公公開車出去，竟出了幾次意外，好險僅是車子有點小損壞，人平安無事。

我們擔心地帶公公去做檢查，診斷出來，公公罹患了失智，對問題的

若缺乏體力鍛鍊，
一場小病往往會更加速衰老的過程。

反應只剩下七歲孩童的程度。

公公聽到診斷報告後，滿臉不以為意：「我才不想當病人，就算失智了，我也能過得很好！」

「可是……」我們欲言又止，縱然公公這麼說，但失智症並沒有辦法根治，又豈是個人決心所能改變的？

「我是發願來這世界上要幫助別人的人，我怎麼可以成為社會的負擔呢？」公公正色說，「更何況，鳳梨這麼好吃，香蕉也這麼好吃，台灣水果這麼好吃，你們又這麼孝順，我還想要繼續享受接下來的人生呢。」面對自己生命的驟變，公公的樂觀與豁達安住了我們所有晚輩的心。

因緣際會下，社區圖書館的館長邀請公公開設日文課。公公在日據時期出生、長大，日語才是他的母語，中文或台語都得在他腦中經過日文翻譯，才能正確表達。能有這樣的機會將所知所學教導給他人，對失智的公公來說是一個練習整理思緒的過程，反而對他的病狀有所幫助。

我沒想到的是，公公不只要做一名日文老師，而是真正做到他所說的，「發願來這世界上幫助別人」。

「我去公園運動的時候，看到這附近有很多獨居老人都坐在門口，不是在發呆，就是在打瞌睡，看起來好孤單。」有天在課堂上公公冷不防地提出他的觀察。「你們有沒有人要跟我一起去做義工的？」

台下聽課的學員平均年齡七十好幾，公公自己也是七、八十歲的老人了，卻有不少學員舉起了手，和公公一同去關懷附近的獨居老人。

為了使關懷獨居老人的行動能持續下去，公公還成立了志工服務站，我們全家人都受到公公的影響成為了創始志工。其實在這之前，我沒有擔任志工的經驗，雖然工作上也會關懷病患，但和閒暇之餘主動去關心一個完全不認識的陌生人還是有很大的差異，總覺得令人感到害羞，並且需要耗費心力。

我因為生活遭遇重大轉折，情緒不穩定，一點也沒有信心可以付出，但每次出門做義工，公公都會露出非常歡喜的神情，而從關懷對象那裡，我也收穫了肯定與快樂，我漸漸感到自己是有能力的人，好像心裡再度有了支撐。

每天打電話邀約志工、出門關懷老人家、想辦法擴大服務的範圍，忙碌的生活讓公公的失智症神奇地不藥而癒。持續推動了三四年，志工站的事務也慢慢上了軌道。

「好啦！現在站務都有人接棒了，現在有妳小姑和三嬸幫忙，我就放心了。」公公滿意地說。

「那爸爸，您接下來想做什麼？有什麼夢想？」說實在我有點擔心，當公公不需要再事事過問志工站的運作，悠哉下來的公公會不會回到失智的狀態？

「我啊，以前當過台糖課長，可惜就學歷差一點，只有高職畢業，不然就能當上廠長了。」公公頓了頓，接著說：「不如我就繼續來讀書吧！」

好學的公公想要圓夢，我們自然樂意幫他想辦法重返校園，也打聽到南華大學開設了樂齡課程鼓勵長者就讀，正適合公公。

公公順利通過筆試，背起書包重新當起學生，喜歡讀書的我和先生，順理成章成了小書僮，陪伴年邁的公公一起上學。在這過程中，我沉浸在書本之中，漸漸忘了繁雜的瑣事，日子再度有了目標，加上公公的正向回饋，我擁有了新的成就感，走出了憂鬱。

陪公公上學，一讀就讀了八年。

樂齡課程結束後，公公正式申請大學，畢業再繼續攻讀研究所。由於

物質享受帶來的只是暫時的快樂，心跟心真誠的交流才是最真實的喜悅，
而這些都是每位照顧者必須付出的努力。

不諳電腦，公公的論文是以口述的方式、我和先生從旁協助完成的，除此之外，一字一句皆是出自於公公的心血，不僅是回顧公公的人生經驗，也將他創立志工站的始末與心得整理出來，對公公和對我們來說，都是極其珍貴的寶藏。

而這八年伴讀的日子，也有許多令人難忘的插曲。

例如公公走在校園裡，常常被同學認為是教授，走進教室，不知情的同學就會向他大聲問好。又或者是念哲學系的公公，有一天異想天開說想改念美術系，我陪他先選修了一學分，公公就嚷著：「美術系好難！」馬上打退堂鼓。

因為是高齡學生，有些老師會通融公公可以開書考試，也允許我坐在旁邊擔任小助手。

「爸爸，這題的答案在這一頁。」我小聲提示。

公公瞥了一眼，就根據自己的理解抄寫答案，但才寫了幾題他就停筆

了。

「還有這幾題，是在這幾頁，爸爸您寫考卷的速度得加快了。」眼看考試時間就快要結束，我著急了起來，不禁催促公公。

「這樣就夠了，不用再寫了。」公公埋頭開始收拾文具。「只有我是開書考，就不能抄太多題，我這就要去交卷了。」

聽到公公的話，我一時沒反應過來，冷靜下來細想倒也符合公公的作風。他做人行事，有個特點就是絕不占人便宜，常說：「吃人家一口飯，就要還人一斗米。」就算教授看在公公的年紀，行了考試的方便，他也將自己看做是一般學生，不多占便宜，在學分上就只求及格過關就好。

同樣在讀書的態度上，公公也自有一套準則。

有次，教授在課堂上預告下週的進度，回到家我便提醒公公：「爸爸，今天教授說下周西洋哲學史要講這一段，您要記得先讀一遍，做點預習功課。」

「不用啊，我去現場聽課就知道了，用不著預習啦。」公公一派瀟灑地說。

初期我面對這樣的情況，多少有些無奈和挫折。作為一個母親，我習慣督促孩子念書，我期望孩子念書能取得最好的成績，得到最好的成果。然而今天換作為人子女、做人媳婦的立場，陪公公念書，重要的不是學歷，而是知識的吸收。我逐漸領悟到，我必須學習放下從小到大對於成績的執念，與其像個母親的角色，嚴格要求公公念書，陪伴他完成念大學的心願，才是我應該要做的。

「醫生，請、請問血塊抽出來之後，他的手腳會恢復正常嗎？」我看著螢幕上的黑白醫學影像照片，滿心憂慮。

「不一定，很多人都以為中風了開刀就會好，其實開刀抽血塊，只是怕瘀血太大，會影響腦部的運作。」醫生指著螢幕向我解釋：「其實血塊靠身體的血液循環就能被帶走消除，但癱瘓的狀況，還是要靠復健才有可能恢復。」

每天早上都會到運動場打太極拳的公公，這天突然在打拳的過程中坐倒，旁人趕緊送醫才發現竟然是中風！年屆九十二歲的公公左半身手腳癱瘓，不能抬動，頓時讓全家人陷入了緊張不安的心情。

與醫生討論後，得知公公的病況並無大礙，重點在好好復健才能改善偏癱的症狀，於是我們決定不開刀，希冀依靠人體自癒的力量讓公公好起來。

「請大家在這段期間，盡量不要把飯菜送到爸爸面前，也不要餵他吃飯。」我認真地對家人頒布復健照顧的準則。

死亡是每個人必經的歷程，
它總是來得如此突然、令人措手不及。

「要爸爸自己走到餐廳吃飯，太危險了吧！不小心跌倒怎麼辦？」

「可是爸爸手拿不穩碗筷，吃飯一定會把飯粒灑滿桌上、地上，也有可能打破碗啊！」

「我們還要這樣折騰老人嗎？這樣爸太辛苦了，應該多給他吃些好吃的，才能讓他開心！」

「沒關係，我們就陪他一步一步慢慢走，一定要讓他坐在飯廳吃飯才行；掉飯粒是小事情，地板擦一擦就好。我們要盡量協助爸爸練習啊！」我說：「要幫助爸爸恢復自主行動，才是真正令他開心！」

面對家人的狐疑，我堅定表達了看法。過去在療養院工作，還有經歷親戚將長輩送進安養院照護的經驗，我看見許多本來只是生了一場小病的老人家，因為身體不加以活動，缺乏體力鍛鍊繼而快速衰老，因而無法動彈、需仰賴人服侍。我絕不願意看到這樣的事情發生在公公身上。

也不知道哪裡來的信心，我總覺得公公一定能夠恢復健康。還好公公願意配合，即使手腳不便，也試著以自己的力量用餐，加上有復健師協助教公公重新學習走路，就這樣投入時間、耐心陪伴，一天一天練習，如同小時候父母帶孩子學走般。雖然公公也打破了幾個碗，但漸漸可以將碗捧端正，從房間走到飯廳的時間也縮短了。我們見證了公公的努力，他的手腳變得靈活，前後復健只花四十天，跌破所有醫生的眼鏡。

我們欣喜公公又度過一個難關，然而九十幾歲的高齡，老化的速度終究是防不勝防。過沒兩年，在正是闔家團圓，準備過中秋節的前夕，公公意外跌倒了。

「咚——」

「哎呦！」

聽見公公房裡傳出的聲響，我連忙停下手邊的事走進查看，只見公公跌坐在床邊，撫著腳喊疼。

「來來來，沒事，我看看怎麼樣。」我趕忙蹲到公公身邊將他身體扶正，一邊輕巧檢查他身軀手腳有無損傷。

我知道照顧者心裡雖然慌張，但如果表露出擔心的樣子，只會讓已經受到跌倒驚嚇的長輩更加不安，所以不論情況如何，語氣都要很鎮定，彷彿沒發生任何事。

我喚來先生合力將公公扶上床，又叫小孫女為曾祖父送茶、在旁邊陪公公聊天，一直到傍晚家人陸陸續續回來團圓，我將公公扶到客廳，照常喝茶吃點心，觀察公公的狀況，看起來沒什麼大礙，就先放下心來。

事後仍然不放心，去醫院看診，發現這一跌，導致公公右大腿有些骨裂，考量到公公已經高齡九十五歲，開刀麻醉的風險太大，便不打算讓公公接受手術。但不開刀，就得每天鼓勵公公忍耐疼痛，站起來活動、復健。一向好脾氣，勉勵我們要用寬容、從容、笑容對待他人，從不對人大聲說話的公公，在這一次跌倒後，偶爾也會表現出他的不舒服與不配合，照護的過程比起先前中風時，辛苦的程度有增無減。

「爸爸，前幾天說好要帶您出去透透氣，我們今天穿這件衣服好嗎？」

出門前，我站在公公的衣櫃前躊躇了一會。

「我覺得自己好像傀儡一樣……」

「爸爸，您為什麼這麼說？」我略有些吃驚地問。

「因為人家帶我往東邊就去東邊，往西邊就去西邊，跟傀儡有什麼兩樣？」公公消沉地說。

我沒預料到公公會這麼說，這令相信公公會再次站起來的我莫名沮喪。

我想要持續給予公公生命動力，也認為多跟外界接觸，對公公而言是好事，所以即使公公必須坐著輪椅外出，我也想將他打扮得光鮮亮麗，常常帶他出門走走、參加活動與外界保持連結。但這麼做竟然讓他感到如此不快、讓他認為自己像是一個沒主見的傀儡，給人操弄擺佈著。

竭力壓下委屈感，我依舊好聲好氣地為公公更衣，帶他出門。

人們都說天下父母心，
但天下又有多少子女懂得體諒父母的心呢？

「爸爸，您看今天天氣不錯欸，很適合出來走走吧。」我換上歡快的語調，尋找話題和公公聊天。一整天，我努力裝作沒事，但只要想到公公的反應，不免還是有些傷心困惑。

又過了一陣子，我們要讓公公復健練習站立、恢復腿部肌肉力量的時候，他低聲抱怨：「我都這麼老，都九十幾歲了，你們還要讓我受刑嗎？」

聽到公公用「刑」來形容復健練習，彷彿我們在對他施以酷刑，我心裡一沉，相當難受，也只得趕緊接話說：「爸爸，這些練習，都是想要讓您活得有尊嚴，我們不想讓您倒下來啊。您想想，如果您都躺著不動，讓別人服侍，躺久了身體會生褥瘡，引發更多的痛苦。」

公公沒說話，我繼續好言相勸：「您只要能夠站起來，體力就會慢慢恢復，就不會那麼辛苦了。」

我鼓勵公公：「我們這次就先站兩分鐘好不好？」

公公聽了緩緩地點了點頭，看起來是接受了我的說法，扶著步行器顫顫巍巍地起身，我站在旁邊，跟他聊今天出門看到了誰，告訴他關懷獨居老人志工服務站現況如何，努力轉移公公的注意力，讓他能夠站久一些。

最後，我輕輕拍著公公的背，對他說：「爸爸，真的辛苦您了，謝謝您示範給我看老了是什麼樣子。」

公公沒有表示什麼，但或許他想到自己是在做子女的表率，老也要老得有尊嚴，便比較願意配合復健，我也視公公的體力適時調整練習時間，看著公公一點一點進步，從三分鐘、五分鐘，最後做到復健師說的站立二十分鐘以上。

這次跌倒，公公覺得不適應的還有穿成人紙尿布這件事。因為腿腳不便上廁所困難，公公不得已要使用紙尿布，但紙尿布的材質總不如棉褲透氣，公公常喊著熱啊、癢啊，甚至在夜晚熟睡時，不自覺將尿布拆開，便溺沾染到棉被，隔天都要大清洗。

我察覺尿布不是長久之計，在公公復健小成後，只要公公當天沒有出門的計畫，我們就不幫他包尿布，寧可辛苦一點，固定時間扶他去上廁所，但怕公公起夜摔倒，睡覺時仍然使用尿布。

望著公公的側影，我不禁想著，如果是我，我會想過這樣子的生活嗎？包尿布固然方便，代價是每天二十四小時的悶熱不適，這樣的生活還有品質可言嗎？一旦感同身受，我決定每天早上換尿布時也幫公公做簡單的清洗。

「爸爸，接下來讓我幫您洗下體好嗎？我的動作會溫柔一些。您如果覺得不舒服、不方便，一定要跟我說啊。」

那天，我準備了兩盆熱水跟小毛巾，幫公公洗臉後，鼓起勇氣跟公公提議，輕柔地幫他擦拭下體悶濕一夜的污漬與汗水，動作中感受到公公的身體放鬆，皮膚變得清爽乾淨。

有一天早上，公公突然用日語說了幾句話，我聽不懂，但可以感覺得出公公語氣和善。我連忙拿起旁邊的紙筆，請公公把剛剛的話寫下來，想要弄明白他的意思。

公公笑著寫下日文，再翻譯給我聽：「謝謝妳如此貼心，無微不至地照顧我，我很感動，謝謝、謝謝！」

聽到公公這麼說，我熱淚盈眶，又覺得滿心歡喜，明白公公是發自內心的感激，就讓我覺得種種辛苦，都是值得的。

我不由得回想起，當年母親在照顧奶奶時的樣子。

在那個醫療照護還不便利的年代，沒有成人用尿布，也沒有流體營養品，除了要操持全家大小事與農務，母親也每日每夜耐心地為病中的奶奶換衣褲，體貼地將奶奶喜歡的菜色，熬煮成粥，幫助老人家吸收。

「媽，這是您最愛吃的喔。」母親溫柔地將熱粥吹涼，一匙一匙送進奶奶口中，再輕輕擦拭奶奶的嘴角。一碗粥慢慢餵，也許得花上幾十分鐘，但母親從未露出不耐煩的神色。

陪伴長輩的過程，讓我看盡老化的姿態與威力，
是公公藉由老病的體驗，讓我學習同理老化的感覺。

不知不覺中，母親的言傳身教深深影響著我。

其實作為媳婦，剛開始我對於要幫公公清洗下體很不自在。而從勉強的心情，轉換成感恩歡喜，我覺得是公公給我的禮物，讓我體會為他人付出，可以換得多少歡喜和富足。所以心情也從委屈犧牲，慢慢變得坦蕩堅定，無論旁人怎麼說，都不會損及我想照顧公公的心意，我希望公公能活得有尊嚴，不要就此失能臥床。

多年來看著公公經歷失智、上學、中風的考驗，在我心目中公公是最勇敢、堅毅的力量，他用體貼與毅力，建立起大林的弘道志工站，改變了許多孤單老人家的人生，也使自己的生命持續進步，跨越一層層老病關卡。這一次我相信他也會逢凶化吉，度過難關。

「春茶啊！我到底幾歲啦？」公公閒來無事，開口問。

「爸爸您想想看，您今年幾歲了？您說幾歲都可以。」我調皮回應。

「我九十五歲了吧。」

「答對了！九十五歲您還耳聰目明，真的很了不起喔。」

「那我可以活到幾歲啊？」

「嗯——如果是像一般安養院的老人家，每天起來吃飯，然後其他時間就一直躺在床上……」

「那就活不久啦！」公公搶著說。

「對啊，不像您這樣子，每天都叫我要去幫助別人，每天想著怎麼幫助別人……」

「幫助別人才能活得更久啊！」公公興奮地接過我的話。

人家說返老還童，有時候跟公公說話就像跟小孩子對話一樣，充滿驚奇。我每每看到兒女與晚輩說話，常常是百依百順溫柔細語，對待孩子有著無盡的耐心，人們都說天下父母心，但想想天下又有多少子女體諒著父母的心呢？

照顧公公的這些年，彷彿是讓我去學習、同理老化的感覺。或許無法感同身受老病失能的痛苦，但在陪伴的日子裡，我體會到多付出一點點時間與心力，一點點貼心的問候，就能夠讓父母感動萬分。生命與生命貼近的共鳴，往往會帶來意想不到的收穫。

我親眼見證生命的追求，不只是享樂安逸，趨樂避苦，助人的強大渴望豐富著公公的人生下半場。

冥冥之中，我跟公公經歷的生命轉折，就像是上天的安排。公公克服了失智的考驗，是為了幫助一群素昧平生的獨居老人；我扛著憂鬱症的折磨，卻在照顧母親與公公的過程中恢復健康，重新找回自己的熱情與信心。

「掛號信——」摩托車轟隆隆聲，伴隨著郵差的呼喊，我抓了印章急急忙忙跑出家門，從郵差手中接過一封寄件人標示著縣政府的信件。

雙手微微顫抖著拆開信封，眼光快速掃過信上的黑字，「……准予籌設團體家屋……」，我心中頓時放下了一塊大石，快步走回客廳，公公端坐在椅上正與婆婆談天，我說話的聲音不禁有些激動：「爸爸，我做到了！縣政府通知我們可以成立團體家屋了！」

公公看向我，眼睛都笑得瞇成了縫：「太好了！春茶，妳做到了！」

每個人都擁有助人的能力，
幫助別人是件快樂的事，從中自身也能獲得最大的成長。

窗外近百坪的空地，現在仍雜草蔓生，但在未來，將會有一座失智症老人的團體家屋建於其上。

我深吸一口氣，默想接下來還有好多事情要處理，要找人設計家屋格局，要準備建設工程，還要想想可以邀請誰來幫忙籌畫……百廢待舉，現在不是閒下來的時候。

澎湃的興奮感久久難以平息，畢竟能走到今天，想起來並不容易。

一位智者曾說：「困難不應退，皆由修力成。」即使我心底偶爾還是會冒出「我好笨」、「我做不到」、「我能力不夠」的憂懼，但有了公公給予的支持，我有信心，能勇敢地手申辦失智症家屋，希望跟隨公公的腳步助人。我想要將過去照顧公公的經驗與心得，應用在不同的族群上，並傳達給需要幫助的人，讓更多的照護者知道，這條長照路他們並不孤獨。

一天早晨，我如往常在幫公公盥洗時，公公突然開口：「春茶，我想啊，說不定我們前世結下了段不錯的因緣。」

我不假思索地回他：「對，一定是上輩子，您幫助我太多，我這輩子就是來回報您。」

公公一聽呵呵笑了，說：「那個家屋啊，要趕快動土喔，我們還要邀請大家來啊。」

「爸爸，您不總是說做好事是應該的，不要招搖嗎？怎麼又說要找人來了？」

「這是件好消息、好事情，要讓大家知道，讓大家一起來做善事！」

公公用生命實踐送給我一份人生體驗的大禮，接收了滿滿愛與助人的溫暖。這一次，換我將這份力量傳承下去。

面對生命的轉折點，什麼才是正確的決定？

生命的美好源自於正能量的循環。縱然春茶在初回到婆家時，因生活的巨大轉變而罹患了憂鬱症，但公公的良善和正面積極的態度，帶領春茶走出了陰霾。因而在公公遇到難關時，不僅僅是孝順長輩的一番心意，春茶也希望能夠回報公公的恩情。

沒想到公公從一開始的配合，到後來因為長年的病痛而生出怨言，春茶難過之餘，卻也同理到公公的心情，重新思索老後尊嚴，以及對公公最好的方式。

確實在面臨生命重大的轉折點，人都會不知所措，深怕一不小心做出了錯誤的決策，尤其在和長輩互動，要多深入干預長輩的生活，常常會是衝突的所在，而同理與體貼就是最好的溝通。「老吾老以及人之老」，只要充分的理解和真心的付出，將會如春茶和公公一般，找出生命中最好的決定。

同理長輩重要守則

◆與長輩溝通，不能一心想著自己，強硬地把自己的觀點塞給他們，只要願意暫時忽略自己的感覺，靜下心傾聽他們內心，會非常容易理解他們的難點，也比較能聽明白對方的問題。

◆與父母意見不合時，可以停下來，問問自己：「如果我是他，我的感受為何？我希望別人怎麼理解我的想法？」角度的切換，能幫助更能夠冷靜思考父母真實的需要，進而找到溝通的方式。即使真的無法接受對方的想法，也能體會彼此的難處，而不是加深爭吵和誤解。

我親眼見證著一個生命，不只是享樂安逸，趨樂避苦，
助人的強大渴望豐富著公公的人生下半場。

◆長輩們承受的老病苦是年輕人難以想像的境地，所以當他們情緒變化不定的時候，不要認為他們是在無理取鬧。如果能多說幾句柔軟的話，給予溫暖鼓勵，多少能帶來撫慰。

◆長輩會敏感地察覺周圍的能量，晚輩給予他們的限制或要求，有時會讓他們也跟著心情起伏。所以不論發生任何事，記得要放緩心裡的緊張與擔憂，和顏悅色地表達，把父母親當作小孩般耐心陪伴。

◆多揣想父母的心，不只是單方面要求他們體諒，一旦我們願意做父母的忠實聽眾，有一天他們也會認真地聽我們說話。

不只需要愛：讓我成為您最穩固的靠山

温瑞琴 文／陳昕平

善心是我們幸福的依靠；不是對方給你多少理解、給你多少安慰。你自己的善意才是幸福的依靠，也是幸福的起點。

《希望・新生》四季法語 088

我總迫不及待地想融入每個人，
卻忽略了最該傾聽的是自己心底的聲音。

「阿琴啊，別忙啦，已經很豐盛了，妳趕快出來吃！」

「媽，還需要弄什麼？我來幫忙。」

「快快快，去開門，看看是不是姑姑他們到了？」

「哇，嫂嫂煮這麼多喔！口好渴，有沒有喝的？還是我現在去買……」

狹窄的廚房裡熱氣蒸騰，空氣瀰漫著濃郁的飯菜香，我隨手撒把蔥花、拌炒幾下，最後一道菜出鍋了。把油膩膩的鍋鏟放進水槽後，總是沉重僵硬的肩膀好像也稍微鬆了一些。

我側耳聽著外頭七嘴八舌的喧鬧聲，開口喚女兒：「妹妹幫忙把菜端出去，跟大家說可以吃飯囉。」

女兒聞聲應道：「來了來了！」

一走出廚房，看到婆婆下垂的嘴角、笑意全無的臉色，我心頭一抽，但眾人的聲音讓我很快回神，腳步不停地走到餐桌邊坐下。

吃完飯，我指揮孩子們收拾好餐桌，捧出點著蠟燭的鮮奶油大蛋糕，帶頭向婆婆賀壽：「媽，生日快樂！」孩子們不用提醒，跟著說了許多討長輩歡心的吉祥話，「祝奶奶身體健康！」、「長命百歲！」一時之間，氣氛又熱鬧起來，但婆婆的表情，自始至終都是淡淡的。是我哪裡又做得不好嗎？這次大姑沒回來，婆婆生氣了？還是今年婆婆八十大壽，應該辦得更隆重些？

我壓下內心忐忑，露出自然的笑容——畢竟，一家人難得相聚，總是要高高興興的才好；其他事，都可以晚點再說。

從嫁進這個大家庭的第一天起，我就不斷練習將自己的需求放在所有人之後，凡事以公婆兒女為先，因為我從小到大的記憶中，父母都是這樣做的。然而我以為的理所當然，在幾十年的磨合中，讓我漸漸地只記得做好本分，照顧好每個人，忽略了自己心裡的聲音。

我知道家裡所有成員的生日，特別是公婆的。每一年到了那幾天，我會放下手邊所有的事，一一打給先生的手足和家族裡的晚輩，請他們從各地趕回家為公婆慶生。

「下個禮拜是阿公生日喔，記得回家吃飯。」

「大哥，下個月媽生日，有空回來嗎？什麼，要週末才行喔。好啦，那我再去跟其他人喬時間。」

從剛剛嫁進這個家，我就熱衷於舉辦生日聚餐，那種熱鬧友好的氣氛，讓我彷彿回到了娘家，重溫兒時和哥哥們嘻笑鬥嘴、一起被母親溫聲責備的暖意。藉著這股暖意，我仔細地觀察我的新家人，看他們互動的方式、他們說話的習慣、他們喜歡的活動還有愛吃的菜餚……我迫不及待融入這個新的大家庭，渴望成為他們之中的一份子。

幾年之後，孩子陸續出生，慶生活動又有了新花樣。

「來，今天阿公生日，要送阿公禮物喔！」我交代孩子。

「要送什麼啊，我又沒有零用錢，怎麼買禮物……」大孩子一臉無奈地說。

「小朋友不用買禮物，統統過來排隊，一人抱一下，阿公就收到禮物囉！」蹣跚學步的孩子也被我牽過來，「……左邊親一下、右邊親一下！然後要說什麼？」

「阿公！生、生日快樂……」肉嘟嘟的寶寶跌跌撞撞地向前走去，撲進公公懷裡，給了他兩個響亮的吻，燦笑著糊了他一臉口水。

公公表情有點尷尬，但還是伸手摟住孫子，怕他不小心跌倒，「哎唷，好了好了！我們家沒有慶生的傳統啦，過什麼生日，真是的。」

雖然每次都會被公婆不痛不癢地訓幾句，但我總是皮皮地笑著說：「知道了，明年不玩了嘛！」對那些年的我來說，慶生這件事不僅是為了讓公公婆婆高興，更是為了讓家人有一個歡聚一堂、感恩長輩的機會，也是我一心想打造的家庭氛圍。

我鍥而不捨地持續了二十年，直到大姑小姑陸續成家、孩子們逐漸長大，有了各自的生活，把大家聚集起來變得越來越困難，我也從最初的興

堅持用自己的方式做事，
其實既傷人又傷己。

致勃勃變得越來越提不起勁。

「這週沒辦法回去耶，幫我跟媽說一聲。」大伯說道。

我平靜地放下電話，沒有往日的落寞。

不知道從何時開始，我不再一個個打電話邀約，或許是累了，也或許是接受了這個家庭自有其相處模式。我還是會為公婆準備生日蛋糕，那是我祝福的心意，但家人的參與度已經不那麼重要了。

三十年為人妻、為人媳、為人母的歲月中，我改變了許多。過去我總是堅持用自己的方式做事，以為這樣才是為大家好，以為我認定的才是對的，但點點滴滴的教訓讓我明白，許多執著其實既傷人、又傷己。因此，我變得隨緣了，開始欣賞夫家自成一格的相處之道，懂得如何在既定的框框中找到空間做自己，用大家都能感到舒服的方式關懷長輩。

原生家庭對我的性格影響很深，我很少去想自己是否孝順，因為來自父母的言傳身教，已經深深刻在骨子裡。

兒時家裡的日子過得並不輕鬆，但氣氛一直和睦溫馨。娘家也是一個大家庭，奶奶是家裡輩分最高的長輩，我們一家和父親的手足同住在一座三合院內，我和五個兄弟、數不清的堂兄弟姐妹從小打打鬧鬧地長大，感情親密，和左鄰右舍的孩子也都玩在一起。

生活中難免有些雞毛蒜皮的摩擦，但長輩從不會在我們小孩子面前起口角，因此，我很難想像「吵架」會是一些家庭的日常。「頂嘴」在我家更是不可能發生的事。父母對奶奶數十年一日地恭敬，我有記憶以來就沒有看過奶奶做任何家事，都是由晚輩們分擔。在奶奶臥床以後，父母依然是照三餐到她的床前問候，事必躬親地貼身照顧。

家裡大小事都由奶奶做主，就連親友拜訪送來的點心、家裡桌上擺放的水果，母親都不允許我們拿了就吃，「問過阿婆了嗎？」母親總是這麼提醒。

有時候，我會不耐煩地使性子：「怎麼什麼都要問阿婆啊？一塊小餅乾而已，還要經過她同意才能吃喔？那我不吃了啦！」

「不可以沒禮貌，阿婆是長輩，我們要尊重她的意思。」母親耐心十足地勸說。漸漸地，我們幾個孩子耳濡目染，恭敬孝順長輩變得自然而然。

母親是一個刻苦耐勞的農家婦女，從未讀過書，不會跟我們說什麼大道理，還時常指使我們做家事、下田幫忙幹活。但不管多忙，母親都不會忽略我們，我可以對她盡情訴說自己的想法，她不一定有什麼高明的見解，卻會認認真真地聽完，並且給予正面回應，絕對不會敷衍以對。母親無條件的包容為我建立起強大的心理安全感，使我樂觀又充滿自信，甚至帶點傻大姐的味道。

就這樣，我邁入了無憂無慮的少女時代。

某個週末，堂姐的男友到家裡拜訪，同行的還有他的高中好友。我們幾個姐妹就在旁邊湊熱鬧，取笑堂姐羞答答的樣子，搶著問未來的「堂姐夫」一些無厘頭的問題。身旁不時飄來的視線讓我略感不自在，我大膽地轉頭，對上一張端正而誠懇的臉。

突然覺得雙頰微熱，這是平常大咧咧的我從來沒有過的感覺。想起他剛才的自我介紹，我故作鎮定地搭話：「你住在麻園喔？」

「對啊。」

「我同學也是耶。」

「是嗎？麻園很小欸，說不定是認識的。妳同學叫什麼名字？」

我說出同學的名字，他眼睛一亮：「真的是熟人，他就住我家對面！」共同的朋友，拉近我倆的距離，我和他越聊越熱烈，彷彿有說不完的

過度焦慮，
使我在不知不覺間，變成自己不認識也不喜歡的樣子。

話。

那天以後，我們的聯繫日益頻繁。我努力維持著女生的矜持，然而初識就萌生的好感還是逐漸升級成了喜歡。最終，我嫁給了這個大我五歲的男孩，成了一輩子的牽手。

我以為我和先生的手會一直牽得那麼緊，但現實中，我們的距離很快變得遙遠。婚後，為了扛起家計，做工的先生遠赴外地，我們新婚不久就成為假日夫妻。我不但要適應身分的轉換、適應新的家庭成員，還要適應判若兩人的先生。

交往時，先生個性積極主動愛說話，尤其在相熟的朋友面前，可以很自然地談天說笑；萬萬沒想到，回到自己家裡，先生成為一個木訥至極的男子，不僅在我傾訴心事時反應冷淡，遇到問題，他也不擅長想對策、下決定。我發現，婆家習慣了一切以婆婆的意見為主，其他人只需要聽命執行，這或許是造成先生唯唯諾諾的主要原因。

這些新的認知對我產生莫大衝擊，而生活的考驗也在往後的日子裡，接踵而至。

「不要再吵了好不好？我真的受不了你們一直在吵架……」看著眼前混亂的場面，我忍不住哽咽。

那天是先生堂哥的婚禮，也是我搬進夫家之後，家裡迎來的第一場喜事。正當親戚朋友們酒酣耳熱時，鄰桌忽然傳來一聲巨響，我扭頭看過去，席間的兩兄弟一言不合吵了起來。

「你夠了喔！」

「你才夠了咧，就跟你說不是那樣，你是聽不懂喔？」

「你再說一次看看啊！」

難聽的詞語一串串冒出來，兩人口氣越來越衝，還激動地揚起手，好像下一秒就要揪起對方的衣領，揮拳過去。

我從來不知道兩個成年人可以吵成這樣，嚇得目瞪口呆。他們互相大聲斥罵的聲音重重敲擊著我的耳膜，我頭都疼了起來。

「好了好了，一人少說一句吧。」我靠過去試著勸架，卻沒有人注意到我的聲音。直到其中一人悻悻離去，我才後知後覺地發現自己已經淚流滿面。

怎麼會這樣呢？有什麼事不能好好講？吵架不是小孩子才會做的事嗎？我的滿腹疑惑得不到解答。

本以為那只是一次意外事件，殊不知紛爭卻頻繁地出現。先生家也是一個大家庭，人多當然意見也雜，每一對夫妻之間更是有各種說不清、道不明的是非。吵架確實是一種溝通的方法，但我始終適應不良，我自己不懂得怎麼吵架也就罷了，也不知如何應付不時發生的爭執，壓力不斷累積。最後，我只學會了一招：逃離現場。

如果說溝通方式的差異，是婚姻帶給我的第一個震撼教育；那麼，晚輩和長輩之間的相處模式，就是婚姻給我的第二個衝擊。起初，我對於總是空蕩蕩的客廳感到很不解，在我的印象裡，這裡應該是一家人齊聚笑鬧的地方，但在婆家很少有這樣的場景。到了傍晚，下班的下班、下課的下課，回到家就各自回房，只有吃飯時會出來，互動很少。

「媽，我回來了，今天吃什麼啊？」我笑著問。

婆婆指指桌上，一聲不吭地走回房間。

我試著開啟其他話題，也激不起太多的回應，老是自討沒趣，於是也失去了聊天的熱情。更令我適應不良的是，婆家的氣氛嚴肅矜持，過於重視長幼有序，大部分的事情只要長輩決定好，都沒有什麼討論空間。尤其婆婆對於整個家有很強的責任感，也有相應的掌控慾，我們曾提出新的建

如果人與人間無法打開彼此的心門，
關係再好，也僅是維持表象的和樂罷了。

議，企圖改變她既定的作法，往往不被接受，還招來一頓責罵。

看著婆婆大包小包提著水果回來，我眼尖瞄到一袋蘋果，「媽，妳怎麼買蘋果啊？冰箱裡還有很多呀！」

婆婆立刻臉色一沉，「我就是想買，不行嗎？」

好心提醒被這樣生硬地頂回來，我的笑容僵在臉上，但還是克制著沒有說什麼。類似的事情不斷發生，我好像明白了先生木訥的原因，得到了「多說多錯、不說不錯」的教訓。偶爾難忍雞婆的個性，會試圖提供一些建議，或是順手做些小事，但不時還是會有撞上一堵牆的感覺。

廚房是少數我和婆婆的關係比較緩和的場景，或許是空間小形成的親密感，又或許是陪著她在廚房裡忙碌的我，令她回想起初嫁時的自己，因此她會主動地和我分享許多往事，其中絕大部份都是不好的回憶。

以前家裡務農，家境困難，幾個媳婦必須輪流煮飯給一大家子吃。婆婆一嫁進來，就開始了凌晨兩點起床，煮四十人份的早餐的日子，因為大夥五點就要起來吃飯，準備上工。她的輩分小、年紀輕，時常被其他的親戚欺負，承擔許多額外的工作；然而，身體的勞累還比不上自尊的受損，當時與她先後嫁進來的二嬸娘家較富有，因此也比她得長輩的歡心，看著自己的公婆疼愛妯娌，對自己卻較為冷淡，婆婆心裡格外難受。手頭最拮据的時候，公婆曾無奈去向親戚籌錢，卻被冷言冷語地拒絕，這些傷害不僅讓當年的她墜落谷底，也影響了她往後的待人處事態度，總是先豎起滿身的刺來保護自己。

在我與先生結婚前，先生的大哥意外過世，喪子對婆婆來說更是無比沉痛的打擊。年紀大的人，總是反反覆覆地話當年，說來說去都是他們最在意的那幾件事。隔著歲月，婆婆的故事雖然省略了許多細節，還是讓我清楚了解到當年她吃了多少苦，而她的有苦難言又是如何反應在她與家人相處的態度上。如果我一直是一個旁觀者，必然能同情並接受她行為的養成，但當我們成為家人，我能做的也僅止於傾聽、理解，並想盡辦法阻止她過去的傷向我的未來蔓延。

先生長期不在家，就算假日回來也不太會講什麼貼心話。出門上班和同事朋友聊聊八卦，成為我最好的抒發管道，只要去喝杯咖啡，吐一頓苦水，我就好似重獲新生，能重新回到家面對婆婆的疾言厲色。

隨著結婚的時日增長，我越發融入自己的新角色。公公婆婆都是勤奮、樸實的人，會幫忙看顧孩子、打理家事。那時我還在科學園區工作，每天下班回到家，桌上已經擺滿熱騰騰的飯菜，我只要洗洗手就能上桌吃飯了。一開始我並沒有想太多，直到和同事聊起，才知道在許多人眼裡，我竟然是很幸福的媳婦。

享受著公婆的照顧，我也希望自己能對家裡有所付出。

祭祀是家裡的大事，一年到頭平均每個月有四次祭祖，婆婆每一次都不厭其煩地花費很多時間與心力，去採購、備料、烹煮佳餚。我們家拜祖先不僅要準備水果、餅乾等供品，還要端出滿桌的雞鴨魚肉，對老一輩的人而言，準備得足夠豐盛才能展現誠意。雖然婆婆沒有要求，但我每一次都會提前請好假，主動留在家裡替她打下手，也因此聽她講了許多家族舊事，更在婆婆的教導下，對祭祀的細節嫻熟於心。

十幾年間，五個孩子陸續出生，家裡的成員越來越多；我工作之餘，就是和婆婆一起照顧一大家子的衣食住行，光是每天的衣服就能讓人洗到手軟。老三出生時，因為缺氧造成腦部損傷，還記得當時昏昏沉沉躺在床上，聽醫生描述未來可能會有的狀況，我內心交織著心疼、擔憂、憤怒、愧疚……各種情緒。但身為一個母親，又怎麼可以輕易被低潮打倒呢？望著哇哇大哭的兒子，再想想家裡等著我的兩個孩子，每一個都是我的寶

我以為把家庭放到最大、把自己縮到最小，就能換得家人的體貼，
然而當我都疏忽自己的情緒，又怎能期待他人的理解呢？

貝，等著我細心呵護照拂。這樣想著，胸口忽然湧上一股熱流，直通四肢，產後虛弱的身體也有了力氣。

我很快地打起精神，重新讓生活步上正軌。

公司裁員之後，我開始全職在家照顧孩子，也從婆婆那裡接手了越來越多的家事。作為家庭主婦，壓力和忙碌程度比起上班有過之而無不及，若是出門工作，還能擁有一部分屬於自己的時間，可以切割職場與家庭。如今我每天一睜開眼就是柴米油鹽，憂心孩子的學業、煩惱公婆的身體，直到閉眼睡去前腦袋都在轉個不停。長期壓力讓我的脾氣越來越暴躁，有時候孩子一個舉動讓我不順眼，我就會按捺不住內心的怒火，對孩子大吼，甚至隨手抄起棍子暴打一頓。老大老二被我打得最多，那時他們正好是最調皮搗蛋的年紀。

「媽媽，妳好兇喔。」孩子淚眼汪汪地抱怨，沒有惹來我的心疼，反而讓我更加焦慮。我似乎在不知不覺間，變成了我自己都不認識、也不喜

歡的樣子。

偶爾有那麼幾個晚上，被我刻意忽略、堆積在內心深處的情緒會一湧而上，但我根本來不及憂鬱或有絲毫抱怨，腦袋馬上又被隔天的待辦事項占滿。現實就這樣推著人一步步前進，我強迫自己專注解決眼前的問題，連停下來喘口氣都是奢侈。

公婆年紀大了，原本大小事一把抓、買菜種菜樣樣來的公婆自理能力慢慢衰退，在許多事都需要依賴我來處理的同時，婆婆無法接受自己喪失當家作主的權力，即使只是一件小事。

「媽，我把明天要拜拜的東西買回來了喔！」放好鑰匙，我把手裡的東西提進廚房，婆婆立刻跟進來，翻動著檯面上的購物袋。

「妳買這是什麼？」

「這是歡樂包啊，一大包裡有好幾種小包零食，賣場推出這個就是專門拜拜用的，一次就能嘗到很多種口味。」我輕鬆地笑著回答。

「小包的？那樣擺出來能看嗎？哪有人拜拜這麼寒酸的，下次不要這樣亂買。」婆婆轉而翻看菜蔬，再次提高了嗓門：「怎麼就買這麼幾樣，不是跟妳說過，要準備二十道菜？而且怎麼沒有魚？」

「上次拜拜的魚都還沒吃完，一直加熱，我想說這次不要再買魚了，大家都不肯吃……」雖然心裡覺得自己有理，但我的聲音越來越微弱。

又來了，我沮喪地想。我難耐滿腹牢騷，每次我自己去買菜，回來就是被這樣挑剔，但如果帶上婆婆，就會添購太多食物，塞滿整個冰箱。

公公婆婆是苦過來的，絲毫不願浪費，就算是隔了好幾頓的剩菜，也不肯丟，對他們來說那些都是能吃的東西。但時代變了，同一道菜熱第二次小朋友就不愛吃了，我也不希望公婆冒著拉肚子的風險吃隔夜菜，先生休假回家看到了，也會皺著眉念道：「這都有酸味了怎麼還在吃？」可若我不顧婆婆想法，整盤清掉，婆婆會氣到一整天都不跟我說話，彷彿家裡沒有我這個人存在。

「妳媽那個人就那樣，阿琴妳不要放在心上。」晚飯後，我碰到正要出門散步的公公，淡淡的一句話，我的眼裡泛起淚光。

我摸索著與婆婆的相處之道，事事都先問過她的意思，盡量用正面的角度解讀她的意思，化解不必要的衝突。正當我以為漸入佳境了，現實又給我一記重擊。

那次過年前，在外讀書的老四放假回家，睡前她跑到我房間，坐在床上，等著和我聊天。

「媽媽，我明年就畢業了，我想回家。」

是的，從國中起已經離家整整五年的女兒，明年就要高中畢業了。她

難道唯有付出被接受才是成功？如果事情是自己甘願做的，
怎麼能要求別人為我們的決定負責，甚至對他人生怨呢？

打從一出生就和我睡在一起，家裡一直沒有她的房間，長大後，她不是跟哥哥擠、就是跟姊姊睡。

「我到底是不是這個家的人？家裡好像都沒有我立足的位置。」

聽到女兒的話，我心酸難忍，做媳婦的確實有很多身不由己，但我怎麼能讓孩子受委屈呢？女兒既懂事又戀家，我想起兒時的自己，和有著厚實肩膀的母親，不管何時，母親永遠都是打開大門、張開雙臂歡迎我回家。帶著對女兒的心疼，我堅定地想，一定要在她畢業前幫她準備好一個屬於她的房間。

家裡雖然是透天厝，但先生並沒有分家，我們一家和先生的兄弟，以及第三代晚輩，三代同堂住在一個屋簷下，空間非常有限。我打定主意要在三樓客廳隔出一間房給女兒，就請人來家裡幫忙做隔間、整理。

窗簾和門簾的廠商一直等到除夕那天才有空來看，檢查居家環境的時候聽到牆壁內傳來水聲，經過一番敲敲打打，廠商狐疑地說：「水聲這麼大，可能裡面管線破掉了。」

婆婆本來就不情願讓我們改裝，每次工人來她都念念有詞，這句話就像是最後一根稻草，點燃了她滿腹的怒火

「你亂講，說什麼房子壞掉！我的房子怎麼可能壞掉？你怎麼說我房子壞掉？我房子才不會壞掉！」

那瞬間，空氣彷彿凝結，工人們訥訥無語。

我尷尬得滿臉通紅，一邊向先生使眼色請他去安撫婆婆，一邊和工人道歉，陪笑臉送他們出門，「不好意思、不好意思，剛好今天家裡比較亂，可不可以請你們年後再找時間過來一趟？」

這是我記憶中跟婆婆最嚴重的一次衝突，還是當著全家人與外人的面。雖然我沒有頂撞，當下也不覺得生氣，可那凝滯的氣氛我至今記憶猶新。但過完那個氣氛緊張的新年後，我仍然抵擋住婆婆的壓力和先生的不贊同，替家裡做了一番改裝。水管壞了不修不要緊，女兒能否感受到這個

家對她的關愛和期待，對我來說是必要且迫切、不容妥協的事。

同樣必要且迫切的，還有公婆的照護支援。

公公大約十年前出現失智的症狀，一開始只是容易忘東忘西，後來退化得越來越嚴重，每次看著公公顫巍巍地走路，我就心驚膽顫，深怕自己一個不注意就出了大事。但不論我如何小心，公公還是在一次跌倒骨折後，不再能自己騎車、開車外出，行動範圍大大受限，連穿衣都需要人幫忙。

婆婆也因黃斑部病變，只剩下微弱的視力，但她除了照顧公公，還日日堅持一個人走到一公里以外的菜園種菜。我很難不擔心獨自出門的婆婆，然而公公出門不便，我又必須接送孩子上學，我們誰都無法時時刻刻陪在婆婆身邊。

「爸媽年紀都大了，我一個人實在照顧不來，我們是不是要請個外籍看護來幫忙？」獨自承受這麼久的壓力，幾經思索，我認為這是對全家人最好的方案。大小姑皆已出嫁，先生和兄弟們又都在外打拚，家裡有一位幫手不僅能舒緩我的照護壓力，協助我應付緊急情況，想來晚輩們也會更加安心。

然而，這個提議對於婆家的傳統觀念來說，卻是一個很大的挑戰。數十年來，公婆都是自己動手打理一切，年輕時侍奉長輩、養育兒女，還要應對龐大家族中的親友，請人來家裡專職照顧長輩對他們來說是不可思議的作法，有外人在家更是會讓他們生活備感不自在；先生和他的手足們也很能理解公婆的反對。他們認為，老化是一個自然的過程，在這個過程中讓公婆過得舒心、有尊嚴，盡量維持他們的生活自主性，比提供無微不至的照料更為重要。

照顧他人的第一步，
是先照顧好自己，懂得適時求援。

幾番討論之下，我撤回了已經通過的外勞申請。雖然理解家人的想法，但身為主要照護者的我心情依然沉重。

一個下著大雷雨的午後，我怔怔地望著窗外，雨滴在屋簷集結，一串串落下，打在樹葉上，滲進泥土裡。結婚多年，內外操持，直到現在兒女成群，我卻前所未有地感到被孤立。

這麼多年來，看著親人滿身病痛的揪心、危險時時刻刻會發生的擔憂、做重大決定時沒有人能一起討論的無助，我都被用「這並非當務之急」的理由敷衍過去。如今，長期處在緊繃狀態的我已經到了極限。放棄申請外勞我固然失望，但真正讓我憤怒傷心的是不被理解、無人相挺的委屈。

我以為自己盡可能面面俱到地周全，把家庭放到最大、把自己縮到最小，應該可以換來家人的體貼。直到這一刻才發現，好像沒有人知道我承受了什麼，甚至連我自己，很多時候都疏忽了自己的情緒，又怎麼能期待他人的理解呢？

其實，我心中對理想的家庭樣貌一直有著憧憬，在承擔責任之餘，也希望大家支持我的做法，重視我的感受。為了維持和樂的表象，我壓抑自我，從不求援，讓自己在磨合的過程中逐漸扭曲。外人看到的是我盡心盡力為家庭付出，卻沒有發現我從未真正打開最隱密的那道心門。所以不論我做得有多好、態度有多正面，我都只是在「做我該做的事」，我並沒有從中獲得一絲溫暖、喜悅或滿足。負面情緒不斷累積，行為和情緒產生強烈的衝突感，在我進入更年期、身體狀況開始下滑時，忽然，我再也承受不住。

曾經那個被母親捧在掌心，笑容燦爛、自信飛揚的女孩子不知道去了哪裡，窗戶的倒影裡只有一個面目模糊的中年婦人。

這時我並未察覺，雖然我陷入了低潮，卻開始懂得省思人生，觀察自己情緒的起伏。這些細微的變化，或許可以回溯到幾年前開始段段續續參加的佛學讀書會。在最忙碌而壓抑的日子裡，為我打開一道小小的出口。

家裡最先接觸《廣論》的是大姑，她去上課之後極力推薦我們，但婆婆對此非常反感，總是念叨著大姑是走火入魔了，所以我一開始是不敢去的，直到在台北的二姑和小姑也開始上課，回來分享了課程的一些觀念，對她們生活、想法的正面影響，婆婆才少了許多反對的聲音。

我並不是很認真的學生，也沒有多餘的時間對每次上課的內容反覆咀嚼，甚至一開始可能是抱著一種逃避家裡瑣事的心情才去的，但我很快就發現，上廣論課的那幾個小時中的我，似乎又變回那個熟悉的自己，坐在教室裡，專注、沉靜地聆聽，煩心的事都離我很遙遠，有些道理當下並不了解，但感受到在家中無法獲得的平靜，這種平靜，吸引我一次又一次回到廣論課的教室。

另外，為了照料身為特殊生的老三，我擠出空餘時間報名了不少課程，這些課程幫助我認識情緒、了解許多行為背後的成因，雖然它們大多是針對輔導孩子而設計的，但我們哪個人不曾是孩子呢？

我在老師講解的案例裡一再看到自己的影子，甚至看到公公婆婆的影子，舉一反三地咀嚼過往許多事情的來龍去脈，我驚喜地發現：我好像知道什麼是「轉念」了！這些更為生活化的課程，竟然能夠回扣到過去廣論課裡聽得一知半解的道理，或許這就是初學《廣論》時，班長所說的累積吧。

不單單是《廣論》本身的累積，還有生命厚度的累積、其他知識的累積，在這一刻碰撞出新的火花，改變了我的認知與思緒，拉了黑暗中的我一把。

雖然學習不能把前路變成康莊大道，卻讓身在隧道裡的我隱約看見了盡頭的光。

這是父母花了大半生胼手胝足打拚出來的家，
我應該試著理解他們、給予尊重，而不是只求一個便利或心安。

尖銳刺耳的煞車聲劃破鄉間小路的寂靜，伴隨著「砰」地一聲巨響，上一秒才看到朝我駛來的垃圾車，下一秒只剩滿目湛藍的天色，胸口劇痛，腦中一片空白。

那天我騎著摩托車要去醫院幫婆婆拿藥，身體和精神的疲累讓我難以集中注意力，為了閃避對向來車，我直覺地朝路邊扭轉摩托車龍頭，恰巧一陣風將鬆脫的電線颳到我的輪下，我還來不及做出任何反應，就已經連人帶車躺倒在地上，緊接著被趕來的救護車送往急診室。

「接下來這段時間要好好休養，不可以騎車、開車。」醫生對斷了四根肋骨的我嚴肅交代。

空氣中還有未散盡的血腥味和藥水味，我動彈不得，內心卻一點也靜不下來，顧不得傷勢，硬打起精神打電話聯絡老師、安排孩子住宿，因為接下來一段時間我都無法接送了。家裡的公婆也讓我煩惱不已，我這個樣子連自己都照顧不來了，怎麼照顧兩老？家事沒人做又該怎麼辦？

經過一段時間治療，我終於得到醫生允許回家休養，家中不出我所料地陷入一片混亂的局面。

我住院養傷期間，先生和其他家人輪流回家照應，但沒有一個人能夠長時間隨侍在側，只能由婆婆重新擔起家務。

婆婆原本就睡得不好，夜裡，每當她開始有點睡意，就會被公公一個轉頭給驚醒。

「妳睡著了嗎？會不會冷？」公公問。

「不會，你趕快睡啦。」

「喔……」

雖然是關切的話語，但失智的公公每個晚上都要重複三四次同樣的問題，婆婆好不容易睡著又被吵醒，精神越來越不濟。

以往白天還能打個盹，自從我受傷後，洗衣做飯等家務都落在她身上。有好幾次，昏昏沉沉的婆婆煮完飯忘了關火，直到廚房飄出瓦斯味才驚覺。而這些，他們當下都不敢告訴我，是我事後透過閒聊慢慢拼湊出來的，聽得我出了一身冷汗，慶幸這段期間家人平安無事。

我這場車禍攪亂了所有人的生活，只能靠著重新分工勉強支撐家中的運作，卻為二十幾年來像顆陀螺般轉個不停的我按下了暫停鍵。

我學著對一團混亂的生活視而不見。在家不是坐著就是躺著，靜靜感受每次呼吸吐納間胸口隱約的痛楚；外出回診，有時是女兒載我，有時我自己搭公車，慢慢地晃去醫院，透過車窗凝望著那些和我昔日一樣忙碌的路人。

世界靜了下來。我這才發現，原來很多事不必第一時間處理，該發生的自然就會發生，而沒發生的表示它其實也沒有我想像得那麼要緊。不必顧慮他人，也不必顧全大局，我的注意力回到自己身上，先前在各種課程上隱然察覺的自我情緒，終於有時間能好好梳理。

疲憊，是我的第一個感受。回想起某一堂課的老師曾經說過，照顧別人的第一步，就是先照顧好自己。車禍後的我才真正理解這個道理，過去疏於關心自己，將所有事一肩扛起，把自己逼到了極限，結果就是在意外來臨時毫無防備之力，轟然倒下。原本被我護在身後的人忽然面對龐大的壓力，更是措手不及。

在心理上，我強行壓抑自己的需求，把家人的事放在第一位，造成了一個長期失衡的負面環境。因此，我開始練習照顧自己，給予關愛和肯定，學著向他人求助，除了給自己足夠的時間休息，也不再為了家人毫無底線地妥協。

走出廚房，看看牆上的鐘，我拿出一個帆布袋，裝好廣論用書和文

放手並不是放棄，而是順著境遇，盡最大的努力，
接受一切結果，在過程中不斷呵護、壯大我的本心。

具，到門口蹲下身準備穿鞋。

「阿琴，今天我不是要去按摩？」坐在客廳木椅上的公公說。

我揚揚肩上的書袋，「爸您不記得啦？今天是禮拜三，我要去上《廣論》啊。」

「是喔，那按摩怎麼辦？」

雖然已經解釋過許多次，但我還是耐心地重複，「我們已經跟師傅改約明天晚上了，您不要急，以後都是禮拜四去。」

我拿出手機確認長照的照護員到達的時間，檢查好家裡的瓦斯門窗，再和公公說一聲，抱著雀躍的心情踏出玄關。

因為廣論課的時間總是撞期，我已經缺課多次。過去的我一定是以公公的事為優先，但上課時間是固定的、按摩時間是彈性的呀！照顧家庭和做自己喜歡的事，未必有所衝突，只是以往我過於執著，不懂得靈活思考其他的可能性。

現在，我開始把自己真心想要做的事情放在首位，也懂得適時求援。每當我要出門，就會提醒公公打電話給先生的兄弟，「我今天要去採買喔，整個下午都不在家，爸您有沒有打給二哥或三哥，請他們過來陪您？」「妳三哥今天忙啦，老二說他三點可以過來一下。妳去忙妳的啦，別擔心。」公公回說。我點點頭，露出微笑，轉身關上門。

屋前的水溝蓋上還有著泥濘苔痕，我抬頭看著鄉間生機勃勃的大樹，樹葉的陰影間夾雜著斑駁的陽光，就好像過往那些我未曾放在心上的，來自一家人之間的支援與善意。

似乎是狀態改變了，思維也跟著改變，人生轉念在我最苦時求而不得，如今卻如此順理成章。

《廣論》曾有一堂課，我聽了特別有感，當下不太知道怎麼運用師長教授的道理，但我時常拿講義或錄音出來複習。直到車禍之後，我正視心裡多年累積的怨氣，才將老師說的「增廣發心」、「歷事練心」和我的處境連結起來。

大多數人的心境往往輕易受到事情成敗的影響，認為付出有所回報才是成功，若是反應不如預期，則因此糾結困頓，傷心不已。老師卻告訴我們，所有事都是我們甘願去做的，怎麼能要求別人為我們的決定負責，甚至對他人生怨呢？唯有把這些經歷都視為自己的歷練，遇難不退，才能持續增廣自己的發心和能力，未來行事必定會更順利。

道理通了，在生活中時時刻刻練習轉念，也就沒有那麼難。

在公婆身體還健朗的時候，我也曾經是親戚朋友口中的好命媳婦，每天打扮得漂漂亮亮出門上班，孩子交給公婆，回家飯來張口、茶來伸手。

公公婆婆整天為我們的家操忙，難得要出門參加三天兩夜的小旅行。他們出發的前一晚，我覺得身體有點不太對勁，因為還能忍受，我就沒有聲張，怕打擾公婆的興致。等到他們離家後，我去看醫生，才知道自己卵巢破裂，差一點就引發腹膜炎。

躺在醫院病床上，我恍惚聽到電話鈴聲，接著便是先生低沉的嗓音。

「嗯，媽？……沒事了，沒有……」

模模糊糊的幾個字詞傳進耳裡，我撐不開沉重的眼皮，很快又昏睡過去。

過了幾天，我從前來探望的小姑口中得知，婆婆出遊的第一天就感到心神不寧，好像有什麼重要的事情忘了做，一路皺著眉頭苦思，沒心情聽導覽也不想和人聊天。傍晚，她打了幾通電話給我都無人接聽，又打給先生，才知道我生病住院的事。

婆婆當即動身返家，完全不顧那才是行程的第一天。

「哇，好神奇，媽也太厲害了吧，這麼強的第六感！」不論是興奮和我分享這個故事的小姑，還是粗線條的我，都只津津樂道於婆婆神準的直覺。

待我自己也學會撐起一個家以後，才慢慢體會到，那份直覺出自一個主婦對家的掛念與責無旁貸。所以一聽說我倒下了，婆婆二話不說地趕回

家人的體貼不曾說出口，
而我也總是視而不見。

來坐鎮。有婆婆在，我才能沒有後顧之憂地休養，這是她沒有說出口、而我曾經視若無睹的體貼。脾氣冷硬的婆婆都展露過溫情的一面，更不要說向來風趣慈藹的公公了。我現在平日睡的床墊，就是公公大手筆花了十多萬，請大姑買回來的。

我的更年期症狀很嚴重，可能也與長期壓抑的心理狀態有關，我情緒起伏大，滿腦子負面想法，身體也很多小毛病，有段時間更是吃什麼吐什麼，連喝水都難受。公公看在眼裡，嘴巴上沒說什麼，背地卻拿了一筆錢給大姑，請大姑去買米布施。

「布施？為什麼啊？」大姑疑惑地說。

「我看妳嫂嫂身體不舒服，吃藥好像沒什麼效用，這樣也不是辦法。」於是公公希望藉由善行的回報，能讓我好過些。

恍然大悟的大姑聽說了我的狀況，馬上聯想到朋友推薦過的一張床，據說對睡眠和腰酸背痛有很大的改善作用。因為價格不菲，大姑只是順口提起，沒想到公公追問了不少細節，而後又拿出了他過去省吃儉用存下來的十萬元。

「妳去買回來給阿琴睡睡看，說不定有用。年紀輕輕更要保重身體，我們家可都是靠她在扛。」

在醫院候診區的長廊，我握著公公失智後越發瘦骨嶙峋的手，想起大姑跟我說過的這段往事，眼眶微紅。

確實，婆婆銳利的言詞和一意孤行的脾氣，曾讓我吃了不少苦頭。公公三天兩頭地進醫院，也耗費了我不少心神，我因此自怨自艾，一度忘卻本心，忘記了我是為什麼心甘情願地留在家裡照顧兩老。我讓自己的意念隨著順境、逆境擺盪，一旦情況偏離我預期的方向，怨就開始累積。

公公婆婆一輩子勤儉慣了，即使年老體衰，也想要做一些力所能及的事，只因這不是我一個人的家，更是他們花了大半生胼手胝足打拚出來的家。我應該試著理解他們想用什麼樣的方式老去，給予尊重，而不是只求一個便利或心安。

秋日午後的太陽正好，曬得人暖洋洋。婆婆瞇著眼在院子裡站了一會兒，進來跟我說，她要去菜園看看。

「媽，我等等要帶爸去回診，明天再陪您去好不好？」

「菜園裡面的事情，妳懂什麼？我自己去就好。」

我躊躇了一下，沒有再說什麼，走進房間拿了一件罩衫，幫著婆婆套上。現在日夜溫差大，婆婆勞動之後出了汗，加件衣服才不容易著涼。

站在窗邊，我目送她佝僂的背影漸漸變小，好像風一吹就要不見。其實我還是會擔心，但已經不像之前那樣，因為婆婆不順我的意，莫名生起悶氣。

我們每個人都是獨立的個體，我給出了我認為最好的建議，婆婆也有權為自己做決定。

有了這個認知，我和家人的關係越來越好，不再那麼容易焦慮，在生活中嘗到了倒吃甘蔗的甜。家庭對我來說一度是沉重不堪的負荷，壓得我不能呼吸，現在我已經明白如何放手。放手不是放棄，而是順從境遇，盡最大的努力，接受一切結果，在過程中不斷呵護、壯大我的本心。

我的功課，一直都是我自己。

「阿琴，妳要好好疼惜自己。」

公婆他們老一輩的人，不會這樣說話，但三十年來的相處，埋藏在記憶深處的感動讓我知道，他們的一舉一動，都在這麼表達。

每個人都是獨立的個體，我給出了我認為最好的建議，
而他也有權為自己做出他認為的最好決定。

誰來關心照顧者？

瑞琴作為大家庭中的媳婦，一直盡心盡力扮演好自己的角色，照顧著一家大小，長期忽略了自己的聲音。隨著公婆年紀增長，身體機能衰老退化，更是自然承擔起照護的責任，無形中累積巨大的身心靈壓力，成為沉默的「家庭受害者」。

就如瑞琴所遇到的困境，傳統觀念的困囿和對家人的不捨，使得照顧者不敢輕易對外求援，加上心理的疲憊難以具體表達，得不到了解和同理，是照顧者最感到孤單的地方。

但唯有身心健康的照顧者，而後才有好的照顧品質。不論扮演什麼角色，都要先學會愛自己，給予自己足夠的養分，再繼續將能量帶給其他人。

你身邊也有為家人付出的照顧者嗎？或者，你就是那個為家庭付出的人呢？請好好給照顧者一個擁抱，對他們也對自己說：辛苦了！

溫柔擁抱自己的七大練習

◆每天早晨睜開眼時預留幾分鐘，仔細觀察自己的身體狀態，覺察自己身心後，再展開一天的行程。

◆一天之中，別忘了排進休息時間，讓自己能夠沉澱、放鬆，才能即時察覺自己的心情起伏。

◆當事情不如預期時，勇敢放手也是一種前進。保持耐心、不動怒，給自己和對方多一點時間，尊重彼此的決定，或許能得到一個更好的結果。

◆劃清界線，不要把別人的情緒放到自己身上，盡己所能，就別再苛求自己，他人有反對的權利，但自己也有保持快樂的權利，不要對他人的行為有過多的期待。

◆晚上睡前，伸出雙手給自己一個大大的擁抱，謝謝自己一整天的努力，也謝謝自己所擁有的一切。

◆自己任何的善意、突破都值得大力肯定。如果你很努力為家人付出了，記得溫柔地對自己說：「我很棒，已經完成這件事了」、「我可以做得不好，沒有關係」。

◆感到疲累、沮喪，很多時候是我們的心累了，適時停下腳步，跟自己對話、傾聽內心，我們會再度恢復平靜的！

有你在的地方，就是家

謝詩瑩 文／廖雅雯

雙眼從一個窗口看出去，是看到滿天的星辰，還是地上的泥濘，選擇權完全在自己。我選擇看什麼，我的世界裡就有什麼。

《希望・新生》四季法語 100

明明能對他人展露笑容，
為什麼我們就不能將快樂分享給家人，對待自己的家人總如此地嚴苛？

我的父親，脾氣不好。

我從小就很怕他。

父親不是一個壞人，相反的，父親既聰明又有能力，認識他的沒一個說他不好，總是誇讚他為人隨和會做事，可是父親在我們面前不是這樣的，他似乎吝於對家人展露笑容。我一直不曉得怎麼和父親相處。

比起害怕父親，我其實更期待他來接我回家，只有與父親母親待在一起，那才是家，就算要和叔叔嬸嬸一家擠在一間房間裡，我也覺得甘之如飴。但就是沒辦法，我們家太窮了，窮到父母親在農忙時節需要外出打工，南下為人種松茸，北上為人播種插秧，一年到頭四處跑，哪裡有活就往哪去。兩個姐姐年紀較大，不怎麼需要人照顧，當時年幼懵懂的我，就被寄養在了三姑姑家，姑姑姑丈乃至於親家公婆都很疼我，可再好，那也不是家。

直至小學畢業，我很少看見自己的父母，大多時候住在了姑姑家，姑姑搬家，我也跟著遷移，那股沒有依靠的飄泊感就更重了。我常常會想：「我的爸爸媽媽在哪裡？我的家在哪裡？」可見到了父母，我還是問不出口。

父親母親的面容充滿疲憊，雙手盡是厚繭。見了我，父親習慣性地板起臉來，「怎麼一點都不聰明的樣子。」母親則攬著我，「好了好了，別念孩子。」

「小孩子都被妳寵壞了！」父親罵道。

父親向來如此，對母親，對我們幾個孩子從來沒一句好話，母親也不以為意，又偷偷從兜裡拿出幾個銅板塞進我懷裡。我知道這樣一點小錢也是母親好不容易存下來的，父親思想傳統，不喜歡女孩子念太多書，我的學費都是母親和兩個姐姐一點一滴攢下來的。

「好好念書，知道嗎？」母親囑咐我。

我用力點頭。

我一定會好好努力，我想要照顧家人，讓父母親過上好生活。

我想要擁有自己的家。

「喂，媽媽，您今天好嗎？」每個禮拜日晚上六點，是我固定和父母通話的時間，從我離開家以來，讀書結婚生子，沒有變過。

接電話的永遠是母親，母親的聲音溫暖慈祥，一年一年，撫平我在外闖蕩的辛酸和勞苦。

「不是很好……」母親的聲音有氣無力。

我擔心地追問：「媽媽您怎麼了？哪裡不舒服？」

「我頭痛、背也痛，整個人好累。」母親在話筒另一端向我訴苦，

「妳不知道，妳爸那個人太會唸了，唸到我都受不了了。」

我苦笑，我哪裡不知道，母親早年太過勞累，身體不好，後來都在家裡做家務帶孩子。父親因此頗有怨言，即使對著我們幾個孩子也毫不收斂，嫌棄母親：「不會賺錢，妳這個人有什麼用！」

「爸您怎麼能這麼說！」我每次聽到都會跳出來維護母親，「媽媽雖然沒有出去賺錢，但這些繁雜的家事也是很累人的，家庭主婦其實是很偉大的工作。」

父親完全聽不進去。父權社會下承擔了巨大養家壓力的父親，固執地以為女人理所當然要負責家務，一味漠視母親的付出。

說來說去都是貧窮鬧的，一場八七水災，沖毀爺爺擁有的大半田地。我聽奶奶說，父親小學便展現了過人的數學天資，本有機會去日本留學，因為家境不好，被人瞧不起，最後故意擠掉了父親的機會。自此以後，父親始終為生活所苦，他徒有一身本事，卻只能在田裡打轉。我想，父親一

我對父親始終抱持著一份不甘的情感，
總記著他不好的一面，忘了看他的好。

直以來都很不甘心吧！

父親的鬱鬱不得志，是他一生的課題，是我和母親不能也無法解開的心結。我只能安慰母親：「媽媽，您說您腰酸背痛，過幾天我回家再幫您按摩好嗎？」

母親叮囑我：「妳也別太省了，有錢多花一點在自己身上。」

我笑著應了，心裡已經打算好要買些軟糯的小蛋糕給母親。

父親看到我買了點心零食，少不了又是一頓罵，「幹嘛浪費錢買這麼多東西！」

兄弟姐妹中，我算是幸運的。家裡盡力供我讀到了高中，畢業後又錄取進鴻海大廠，收入雖不高，每月也能寄一筆錢回家，直到我有了自己的家庭後依然如此。

剩下的錢就不多了，連每月回鄉的車票，也是我省吃儉用存出來的，我的經濟情況，父親母親都清楚，所以父親每每看到我大包小包回家，免不了一陣碎念。

我知道他是心疼我，雖然他說話並不好聽。

回鄉的夜晚，我和母親同榻而眠，聊了好久好久。我為母親揉捏舒緩僵硬的背部肌肉，感覺她放鬆了些，隔天還牽著母親，帶母親去剪了頭髮。

當時的我沒想到，那是和母親相處的最後一段時光，如果我知道，我不會放開母親的手。

接到父親的來電，說母親病危送醫時，我人都懵了，二話不說請了假，急急忙忙南下趕到醫院，在急診室見到母親，她好虛弱，幾乎說不出話，我眼淚立刻掉下來。

怎麼會這樣？不是感冒而已？為什麼會變得這麼嚴重？

醫生護士圍繞著母親，我只能站在旁邊乾著急，母親定定地看著我，嘴唇蠕動，我看懂了，眼淚掉得更快更急。

母親說，她要走了。

可是我還沒讓您過上好日子啊，我沒能好好照顧您、陪伴您，我們還有好多話要說，您怎麼就要離開了呢？

我腦子裡一片嗡嗡聲，眼看母親被推進了加護病房，最終熬不過病魔，只因為一場小小的感冒，母親走完了她的一生。

我不能夠孝順媽媽了，而且我再沒有任何補救的機會。

在母親的靈堂前，我哭著向母親承諾：「媽媽您放心吧，我一定會好好照顧爸爸。」

我已經沒有媽媽了，不能再沒有爸爸。

我花了幾個月的時間，向公司辭職，交接好我的工作，同時也獲得先生和孩子的諒解，孩子們都大了，已能夠獨立生活，不再需要我無時無刻地盯著；先生也極為支持我的決定，我的公婆早逝，先生比任何人都明白子欲養而親不待的遺憾。

我就這樣回到了母親不在的家。然而回到家的那一刻，我的內心並不感覺到釋然，而是帶著惶恐與不安，和父親做了幾十年的父女，我一直沒學會怎麼和他相處。

我從小弟的餐廳下班回到家時，父親正與來探望他的老朋友聊天。

我點點頭打招呼，聽見父親和顏悅色地說：「還是你會過日子，家庭和樂，身體健康，興趣又廣泛，每天都過得那麼充實，一點都不無聊。」

客人笑得燦爛，客氣回道：「沒有啦，退休後不知道做什麼，就去上了點課，有興趣一起來啊！」

父親擺擺手，「沒辦法，光這個家就夠我忙了。」

我怨怪父親，到後來我卻成了像父親一樣
——不會將愛說出口的人。

客人好奇地看了我一眼，說：「唉唷，人老了就看開一點，子女孝順，你也是有福氣的人。」

「能自己來就不要麻煩子女。」父親搖頭，「是你命好。」

父親真摯的讚美令客人如沐春風，旁聽的我卻不免感到難堪。我放下了自己的家庭和工作，小弟也在家鄉開了間餐廳，以便就近照顧父親，但這些對父親來說，都不夠。

父親每天每天都在數落我和小弟，沒照他的意思買飯，他嫌說：「買這什麼東西！浪費錢！叫妳買個便當也不會！」

買衣服給他，他堅持要我退貨，我勸道：「爸爸，您也很久沒買新衣服了。」

「我現在的衣服夠穿！」父親不假辭色，「妳不要亂買東西，趕快拿去退錢！」

更令我和弟弟無地自容的是，父親總是怨嘆：「你們幾個，沒一個遺傳到我，一點都不機靈，遲鈍得要死！看村頭那家的兒子，人家現在生意做得多大，對他爸爸媽媽多好，哪像你們，什麼事都做不好！」

父親似乎就是真心如此想的，他認為他生了五個小孩，各個都是失敗者。父親自己礙於時代環境所囿，只能泯滅於眾人，他的孩子們卻是天生的駑鈍，沒有人傳承他的天賦，特別是他數學上的長才。

從一睜開眼睛看到我和小弟，彷彿就在提醒父親這回事，他不停地叨念，更像證明了我們的笨拙。

我不禁陷入了自我懷疑：我有這麼差勁嗎？爸爸看不到我一點的好處？為什麼他能對別人笑容滿面，對待自己的家人卻這樣嚴苛？是不是我們真的不夠好？

父親的挑剔和不滿在我腦中揮之不去，我無法不去想、無法不在意，整個人沉浸在憂鬱之中，好幾次在路上恍神，差點出了車禍。小弟也受父親話語影響頗深，一次開車直直衝入田中，車壞了，人也受了傷。

但我們傷得最重的還是看不見的內心。好幾次我都想說，如果我真那麼沒有價值，還有存在的必要嗎？

或許是這個家充滿了負面情緒，壞事接連發生。

小弟身體出了狀況，幾經波折後診斷出了肝癌，原先高朋滿座的餐廳不得不收起來。餐廳歇業後我也沒了工作，父親和弟弟的健康卻在走下坡，我不得不另尋工作，維持一家開銷所需。

好不容易進入一家賣場任職，有了穩定的收入，我卻發現，我笑不出來了。

但我覺得我的內心還是對生活充滿熱情，我才會聽賣場同事提起里仁茶湯班時，親自打電話給老師，拜託他給我一個報名的機會。我想，作為南投人，怎麼對茶道一點都不了解？老師被我話中的渴望感動，破例給了我一個上課的名額。

彷彿冥冥之中命運自有安排，我先是進入里仁茶湯班，接著在老師的帶領下，又上了廣論班。《廣論》對我而言是深奧難解的，而且我不明白，為什麼每個來上課的同學都是那麼快樂？我卻活得那樣茫然痛苦，看不到前方的路。

我的困境都寫在了臉上，引來了師長與班長的關心，在師兄師姐親切的問候下，我不禁一股腦地傾訴我的煩惱。

班長毫不猶豫地告訴我：「詩瑩，妳不是一個人！福智是一個大家庭，妳有需要，所有的師兄師姐都很樂意幫忙。」

就像是有人搬走了我心裡的重石，如釋重負的輕鬆讓我不由自主地嚎啕大哭，原來我可以不用一個人傻傻地扛著，原來隨時有人對我伸出援手……

師兄師姐們的溫暖治癒了我，我不再一個人鑽牛角尖。雖然漫長，但我重新找到人生的目標，我看著師父和同學們服務這麼多人，嚮往自己未來也能如此。

父親是心疼我的，他每一句叨念都出自對我的關心，
雖然他說話並不好聽。

我曾經也有所怨懟，為什麼父親對我這樣苛刻，我卻一定要照顧父親？我大可過我自己的生活，有穩定的工作、美滿的家庭，我放棄了這一切，換來的是什麼？

是師父喚醒了我。

「觀功念恩？什麼是觀功念恩？」

師父的一句「觀功念恩」觸動了我，告訴我，要去看父親的好處，凡事從正面思考，累積正能量。

我決定改變我對父親的方式。

或許我始終對父親抱持著一份不甘的情感。小時候放學遇到下雨天，我總羨慕其他小朋友有爸爸媽媽趕著送傘，我卻等不來在外奔波的父母，就算見了面，父親也是一副臭臉，明明就能對別人笑呢，為什麼就不能將快樂分享給家人？

我記著父親不好的一面，忘記了看他的好。

其實父親是一個沉默且溫柔的人，只是他不懂得如何表現。

我聽小弟說，每次廟會活動祈求平安，父親從來不會落下任何家人的名字，包括我的孩子。他會誠心禱告，求神明保佑我們每一個人。

父親太習慣以威嚴的方式來對待家人，那是他所受到的教育和觀念，嚴父慈母，他已經盡他所能做一個好父親，努力賺錢養家，撫育子女成人。他認為他每一句叨念都是出自於關心，然而他的脾氣和暴躁，換來的是家人無聲的抵抗，得不到回報，父親心裡也不好受。

我怨怪父親，到後來我卻成了像父親一樣，不會將愛說出口的人。

這天父親又因為一些小事發怒，我聽了煩躁，但想起自己改變的決心，深吸一口氣，將心情沉澱下來，先是保持沉默，任由父親發洩。

一開始父親在氣頭上，破口大罵：「我叫妳多買個肉丸，妳為什麼沒買？是耳聾了嗎？連這點事也能忘記。」

待父親罵得差不多了，我才心平氣和地說：「爸爸，我沒有忘記。」

「還說沒忘！沒忘妳為什麼沒買！」

「因為我關心您啊！」

乍聞我突如其來的告白，父親傻住，頓時也罵不下去了，我趁機說道：「爸爸，您先不要生氣，聽我說。」

「有什麼好說的？」父親的語氣仍然不忿，火氣卻有減緩的趨勢。

「我知道您是想要省錢，覺得多買一些菜，一個便當可以分兩餐吃，但隔餐吃不新鮮，對您身體不好。」

父親自言自語般碎念：「你們就是浪費錢啦，說什麼不新鮮，我吃這麼多年還不是沒事……」

我微笑地看著父親，現在的我已經明白，父親謾罵的背後，飽含他辛苦的過往，如果不是父親一點一滴這樣省錢，又是如何養大我們五個孩子？如今的父親不再缺錢，有子女奉養的他，還省著那幾十元的餐錢，出發點也是為了我著想。

父親和我都太疏於溝通了。

當我有所改變，我發現父親也跟著改變，他漸漸聽得進去我的話，個性還是很固執，但已經不再是我的困擾。

我找到了和父親相處的方法，我們父女感情越發融洽。

放假時我時常帶父親出門散心，父親尤其喜歡唱歌。有一次我們遇到了南投在地品牌微熱山丘舉辦歌唱比賽，父親看了心熱，問我：「我可以報名嗎？」

這種早已規畫好的活動，哪有當天報名的？但我看父親高興，便也厚著臉皮問主持人：「能不能讓我爸爸上台唱一首歌？」

活動方欣然同意，父親可開心了，唱完一首還不夠，還接著唱了第二首，好在觀眾對老人家都很寬容，紛紛給予熱情的掌聲。

父親不僅自己愛唱，還要我同樂。老家隔壁有一間供奉觀世音菩薩的寺廟，每年都會在菩薩生日期間搭建歌唱擂台，父親主動找我報名合唱。

我一定會好好照顧爸爸。
因為我已經沒有媽媽了，不能再沒有爸爸。

我覺得不好意思，「爸爸您唱就好了啦！」

可我說不過父親，不但與父親完成合唱，還鼓起勇氣，單獨唱了一首〈阿母的手〉。一曲唱畢，看著台下父親滿意的表情，我想起母親過世後，毅然決然回鄉照顧父親，這段日子的心路轉折，不禁有感而發，在台上侃侃而談，將我的心聲一吐而出，「……我希望，大家能和我一樣，珍惜和爸爸媽媽相處的時間，多多陪伴他們。」

台上台下一片鴉雀無聲，好好一個慶祝菩薩生日的場合，卻有人莫名說起自己的家事，鄉親們都懵了，我聽見有人問起：「這是誰家的女兒這麼會講話又會唱歌？」

我握著麥克風沒有回答，父親卻激動地跑上台，大聲對台下說：「她是我的女兒！」

那天父親驕傲的模樣，我終身難忘。

決定送父親去安養中心，實在是出於無奈的選擇。

父親老了，他依然聰敏清醒，身體卻支撐不了。父親不願意承認老邁的身軀已無法維持正常的生活，他抗拒夜晚的尿布，抗拒床邊的便桶，更拒絕旁人的攙扶，堅持要靠自己的力量，一步步走去廁所。

我為了照顧父親，睡在靠近他的沙發上，但我的年紀也大了，無法第一時間察覺父親的需求，等我匆匆驚醒，只看見父親倔強的背影在通往廁所的路上，而身後，是拖了一地的便溺。

即使到了這個地步，父親還是不肯求助，守著他高傲的自尊心。

我和小弟，一個弱，一個病，我們誰都抱不動父親，只能配合父親的沉默清理這一室的髒亂。

我好累啊！我問父親：「爸爸，下次喊我一聲好不好？我給您拿便桶，您就不用走這麼遠的路去廁所，也不怕來不及。」

父親只是說：「我可以自己走。」

於是同樣的情境三天兩頭上演，我總是先忙著照料父親，忽略了自己，最終因為憋尿導致尿道發炎，進了醫院急診。

醫生勸我要保重身體，長久下來，會影響健康，可我有什麼辦法呢？

我就這麼咬牙苦撐，直到我發覺，父親對於自己夜晚失禁一事懊惱不已。

是啊，父親又何嘗願意麻煩子女？他曾經是撐起整個家的支柱，即使年華逝去，他也想做我們的依靠，而不是反過來仰賴我們。父親尚且因為自尊，不願讓人攙扶，又怎會願意讓人眼睜睜看著他失禁？

我陷入思考，如果父親得到專業的照護，能不能過得更好？

我四處諮詢，企圖找到一個對父親最好的方案，但最終還是因為病痛纏身，我和小弟討論後，做出了送父親去安養中心的選擇。

面對現實，以我們現在的身體狀況，確實照顧不好父親。

父親不是馬上就同意，我好聲好氣地跟父親說：「我們去參觀看看好嗎？那裡有專業的護理師，還能認識其他老人家，可以陪您聊天，您才不會那麼無聊。」

晚年父親走不動後就很少出門了，整天關在家裡，我實在擔心他會悶壞了，在安養中心可以結識同齡老人，也是我考量的原因之一，父親向來喜歡與人結交。

我慢慢勸說下，父親終於願意放下成見。參訪安養中心那天，中心的督導和護理師給予父親許多建議，將現實狀況仔細分析給父親聽。父親知道我因照顧他而慭出病來，點頭答應入住了。

我很感謝福智師姐的幫忙，在疫情期間，為父親問到一個安養中心的床位，讓我得以安心治療尿道發炎的問題。

父親曾是撐起整個家的支柱，
即使年華逝去，他也想做我們的依靠，而不是反過來仰賴我們。

我每天都和父親視訊，父親笑著說：「我覺得住在這裡很好。」

我聽了自然欣喜，但就怕父親報喜不報憂，多問了幾句，「您覺得哪裡好啊？」

「每天都有人跟我說話，他們還安排了一些活動，我每天都有事情可以做。」父親說：「我在這裡有朋友，我過得很快樂，妳安心工作，不要煩惱我。」

那時候父親雖然常常跌倒，但還能拄枴行走，我看得出來父親真的適應安養中心的生活，沒有半分勉強。

同時我也常和中心的護理師通電話，詢問父親的狀況。

護理師告訴我，醫生建議父親夜晚一定要包尿布，否則老人家年紀大了，起床如廁若是摔倒，容易造成嚴重的傷害。

這不是我之前照顧父親遭遇的同樣情況？我苦口婆心勸父親：「爸，醫生都這麼說了，包尿布總比受傷好吧？」

「我都說不用了！」父親的脾氣本來就硬，要起蠻勁來誰說都沒用。

「為什麼？爸爸您不要這麼頑固！」

「你們就是不懂得節儉！我可以自己去廁所，為什麼要花尿布的錢？」說來說去還是因為父親擔憂會造成子女的經濟負擔，捨不得花錢。

好幾次父親摔傷送急診，我和家人奔赴醫院，又急又氣，但又無可奈何。其實每次父親送醫，都有不同的狀況，不一定是起夜的緣故，可能是坐著起身一個不穩而跌倒，也可能是無緣無故平地摔跤，有時輕微有時嚴重，然而看著父親的傷口，我都不忍地掉淚。

我請教醫生：「我爸爸這樣頻繁地跌倒，是不是哪裡有問題？」

醫生搖搖頭，「老人家年紀大了，小腦萎縮會造成走路重心不平衡，再怎麼小心都很難避免。」

聞言我釋懷了，我一直責怪自己無能好好照顧父親，但我們誰也敵不過時間加諸在人身上的力量，自然老化的過程，我們誰也無法改變。

一旦察覺了時間的變化，彷彿摁下了加速鍵，父親肉眼可見地老去。他開始吃不下飯，人也跟著削瘦不少，腿腳無力，必須倚賴輪椅行動，父親偏偏還想逞強，護理師就建議我們對父親加以束縛，不論是臥床還是坐輪椅時，固定住父親的手腳。

父親一生自由自在，老來卻受到這樣的拘束，一度充滿厭世感，嚷嚷著不如去死。

「爸爸，不要說氣話。」透過護理師的幫忙，我和父親視訊，試圖說服父親接受護理師的安排。

「我才不是說氣話，我活著沒有意義，我死一死好了。」父親怒道。

「爸，您的功課還沒做完，怎麼可以死。」

父親越是激動，我的語氣便越是平和，「您這輩子的功課沒做完，未來只會受更多的苦，就像是一個小學生，好不容易升到了六年級，卻沒讀完，將來還是要重新讀一遍。」

我不知道父親是否有聽明白，但他的確冷靜下來了。

我又說道：「爸爸，您想想看，醫生和護理師也是為了您好，您好好配合，就能更快好起來，然後我們就能將您接回家中，再一起生活。」

我將我從《廣論》上學到的同理方式，以不同的角度分析給父親聽，父親真的比較容易聽入心。護理師告訴我，每每和我或是家人視訊過後，父親明顯得到撫慰，心情變得安穩。

這時我就會覺得心酸酸的，因為我了解，父親有多麼想要回家。

生和死，是人生無可避免的課題，
提前做好規劃，不僅讓自己的一生更圓滿，也是疼愛晚輩的一種表現。

隨著父親進出醫院的次數增多，我也漸漸做好心理準備，終將面臨和父親告別的一天。

最先察覺到這個時刻快要來臨的，其實是父親自己。有一天精神尚好，父親主動提起，交代我說：「如果我走了，妳一定要帶我回老家，我絕對不要去殯儀館。」

我聽了刺耳，打斷他說：「爸，不要說這些，您會活到一百二十歲，現在才到哪呢！」

父親哼了一聲，「騙鬼去吧！誰能活到一百二十歲？」

我哄父親，「就是您啊！到時候電視台都會來採訪您這位人瑞。」

父親讓我給逗笑了，一會又正經道：「我最放不下的就只有兩件事，妳要辦好了，別讓我走不安心。」
父親說，他想回家，回南投鄉下那個由他一磚一瓦搭建起來的老屋。我因為上班通勤太遠，就在市區租了房子，並將父親從鄉下接過來照顧，但父親心心念念的還是他住了六七十年的老房子，即使生活不很便利，居住環境也不理想，父親就是覺得在自己家輕鬆自在。
其次父親掛念的，就是讓我要辦好土地繼承。過去先輩就因為沒有辦理繼承，最後土地收歸國有，父親始終耿耿於懷。他那塊農地不值幾個錢，卻是他一生的心血，也是他能傳承給後人的精神。
頭髮大半花白的我在父親看來還是個孩子，他怕我們不懂、做得不好，只要他想起來，就要再三叮嚀。我也不厭其煩地一一點頭說好，跟他說我會記得牢牢的，不讓他失望。
我多麼希望能永遠做父親心裡的孩子，但該來的總是會來。
父親身上出現了許多老化衰竭的併發症，醫生無能為力，只說：「盡量讓老人家開心點，別感覺太痛苦。」

接到護理師電話時，我想著那一刻或許就要到了，卻聽見護理師問：「什麼是黃金果啊？為什麼謝伯伯請我轉告您要照顧好他的黃金果？是奇異果嗎？」

我愣了一下，回答：「不是奇異果，我爸爸說的啊，是他在家裡後院自己種的黃金果，他種的黃金果長得可好了，但現在恐怕已經被小鳥、蟲子偷吃光了，哪天我回家看看，如果採收到完好的果實，送幾顆給你們吃，你們就明白什麼是黃金果了。」

護理師不提，我都忘了父親如生命一般看重的黃金果。父親在後院的土地上特別闢了一個小小的果園，雖然只有幾棵果樹，但在父親的細心呵護下，從小樹苗長成枝葉茂密的大樹，每到了產季，累累的果實掛滿了枝頭。父親不賣黃金果，摘來送給親朋好友吃，金黃色的果實圓滾滾的相當討喜，吃起來又甜又軟，深受好評。

打從父親住進安養中心後，他的黃金果園也無人打理了。父親時常吩咐我要回去澆水，說今年的收成要分一份給照護他的護理師，我總是隨口應好，實際上忙於工作和醫院之間，哪有工夫騎車大老遠回老家，只為替幾棵果樹澆水呢？

然而只要錯過了為果實套袋的時間，天然又不灑農藥的甜蜜果實，怎麼逃得了野鳥和蟲蠅的摧殘？不用實地探訪我都能猜想到，父親的果園如今雜草叢生，熟透的黃金果掉落一地，盡是鳥啄蟲蛀的痕跡。

無形中，父親愛重的果園，竟同他的生命般呈現傾頹之勢。

護理師驚訝地說：「原來謝伯伯真的有種黃金果啊？我以為他在跟我們開玩笑。」

很多病重的老人會因為分不清現實與夢境胡言亂語，但我知道我的父親不會，再沒有比他腦袋清晰的人了，他只是，身體機能跟不上了。

「嗯，」我輕輕說：「爸爸對此很引以為傲的。」

我多麼希望能永遠做父親心裡的孩子，
但該來的總是會來，自然老化的過程，任誰也無法改變。

「您也是他引以為傲的女兒。」護理師說：「謝伯伯常誇耀他有一個孝順的女兒，但是他說，他不知道該怎麼辦，以後沒辦法照顧女兒了……」

我摀著嘴不敢哭出聲，但已經無法控制地淚流滿面。

爸爸、爸爸！

似乎是將心事都交代完畢，沒過多久，父親陷入了半昏迷，在醫院裡，血氧不斷降低，我和小弟趕到醫院，守在父親身旁。

「爸，我們來了。」

父親的眼睛半開半闔，無法言語，恍如母親過世那天一模一樣的情況，我依舊心痛難忍，卻不再徬徨無助。

我在父親耳邊反覆地說道：「爸，我們就在這裡。爸，您趕快好起來。爸，我們要帶您回家。」我說到後來都不清楚自己在說什麼，只盼父親聽到我的聲音，能夠安心。

父親被推進加護病房了，福智的師姐也趕來幫忙，我們都知道接下來會發生什麼事，我在加護病房外，虔誠地誦念佛號，小弟則趕回老家先行準備。

爸爸說他要回家。

醫生出來宣布父親已經沒了呼吸後，我擦乾眼淚，珍惜最後這一點我們父女倆單獨相處的時間。在禮儀社來接父親之前，我有好多話想對他說。

曾經我害怕父親，曾經我想逃離父親，曾經我埋怨父親對家人不夠好，如今我慶幸我勇敢地和父親和解，陪著父親走最後一段路，讓彼此都不留下遺憾。

「爸爸，謝謝您將一輩子都給了我們，您這一生幾乎沒有享受過，甚至都沒有出過國。前幾年，我說要帶您出國坐飛機，您嘴上說不要，但我看得出來您是很期待的，沒想到突如其來的疫情，讓我們有這樣一個不圓滿。」我看著父親彷彿睡著般的面容，這一刻，他是輕鬆的，沒有負擔，沒有病痛。「爸爸，我答應您，以後若我出國旅行，一定會攜帶您的照片，帶您去看外地的風景。」

我絮絮叨叨地，將父親所有在意的人事物，一一地說給父親聽，但父親再也不會回應我了。

父親指定的禮儀社來了，我牽起父親的手，告訴他：「爸爸，我們回家了。」

人遇到太過悲痛的打擊，很容易產生逃避心理，一個勁地沉浸在自我世界，看似是痛快發洩了；可回過神來後，就會懊悔不已，只記得那種空虛茫然的情緒，悔恨沒有好好地送最親愛的人走完最後一程。

母親走的時候，我就是這樣的，什麼也沒做，哭個沒完，缺乏智慧和勇氣面對母親的離去。

但這次，我不會再重蹈覆轍了。多年來學習《廣論》，我悟出一個道理，只顧著傷心，遇到困難不去解決，那其實是一種放棄的行為，應該要以積極的心去面對，不要浪費時間，如此自然就能夠找到未來的方向。

父親的後事有條不紊地進行。

多虧了父親堅持生前做好臨終安排，等到了事情真正發生時，每到了關鍵時刻，我腦海裡彷彿就會響起父親的聲音，提醒我下一步該怎麼走。

這讓我也有所感觸，覺得有必要和晚輩討論身後事，不要去避諱。生和死，本來就是人生無可避免的課題，提前做好規劃，不僅讓自己的一生更加圓滿，也是疼愛晚輩的一種表現。

現代人生得少，下一代的子女需要負擔的責任、照顧的親人遠比我們更多，若我能事先做好安排，就算哪一天發生了不幸，我的孩子們也不會

只顧著傷心，遇到困難不去解決，
其實是一種放棄且浪費時間的行為。

感到害怕吧？即使傷心哭泣，也能遵照我的遺願處理好一切，並一步步地重建自己的生活。

我決定學習父親，將自己的心願寫成一張清單，這張清單不只是寫給子女的，也是寫給自己的。

我希望在剩下有限的人生裡，盡量不留遺憾。

父親過世後，我找到了父親的記事本，裡面清清楚楚條列家裡的大小事，我看了又哭又笑，父親就是這樣仔細又執著的人，他太聰明了，總不放心將事情交代給別人，也怕我們會做不好，所以重要的事情都會記錄下來。透過父親的記事本，我彷彿看到他一生的縮影。

這個記事本，我會當作傳家寶好好珍惜。

而我最為父親惋惜的是，他真的太節儉刻苦了，到了晚年連片尿布也捨不得用，偶然透露了想要出國旅遊的願望，不巧又碰上了疫情，然後就再也沒有機會了。

除此之外，我欣慰自己能在父親最後的幾年，和他一同生活，和父親聊天，從父親口中，聽他談起自己的經歷與故事，像他養育我小時候一樣，照顧他的起居，能這樣回饋父母，我非常感恩。

我想我做得並不完美，有好一陣子，我也因為受不了父親的個性感到痛苦，或是因為體力不足而深感疲憊，但我從來不覺得辛苦，孝順不是一件辛苦的事。

若是我當初沒有回家陪伴父親，我的生命中將永遠會有一塊空白，我會是那個一直覺得父親很可怕的女兒，不會懂得如何面對困難，轉念思考，看到父親大男人底下溫柔的一面。

父親以他最後的時光，為我上了寶貴的一課。

謝謝您，爸爸。

療癒內在，與父母和解

因為小時候寄人籬下，詩瑩格外珍惜和家人之間的情感。母親因為一場小感冒倉促離世，詩瑩痛不欲生，決定回鄉照顧父親晚年。但父親脾氣硬、嘴巴壞，子女們都懼怕他，詩瑩也不例外，好幾次因為理念不合，以及父親無止盡的嫌棄，萌生出不好的情緒，大大影響詩瑩的生活。

直到詩瑩轉念，從不同的角度看待父親，決心對父親溫柔。美好的能量會感染，父親也漸漸軟化，樂於和詩瑩分享往事。在父親最後一段日子，父女倆終於能夠和解，敞開心懷，療癒彼此。

與父母和解的方法

◆重新好好認識父母吧！小時候，父母忙著養家，整天腳不沾地，或許因此疏忽了親子關係，但這何嘗是他們願意的呢？試著重新了解他們的個性、他們的過去，相信父母也會很樂於分享自己的故事。

◆順從不是唯一的解答，為了父母好，有時也要有所堅持，但千萬不能決斷獨行，好好和父母說明清楚，所有為了子女好的父母都能理解。

◆「承認父母不是百分之百的理想」，父母也是人，也會犯錯，不要對父母有過多的期待，停止苛責父母。

◆生活中多去看看父母好的一面，才能讓自己的心自由。

◆要懂得肯定自己。在成長過程中，若受到家人影響而脆弱、受傷，不要

這輩子的功課沒學完，未來只會受更多的苦，
將來還是得重新學一遍。

不當作一回事，勇敢面對自己的內心，跳脫情緒的漩渦，以正面積極的情緒，重新看待令你受傷的往事，或許，將會是不一樣的風景。

一心想做你最穩固的靠山

李增榮 文／黃育上

感恩心是幸福的籌碼，心裡裝得越多，實際上幸福感會越強。

《希望．新生》四季法語 109

即使是再親密不過的母子，
理解與同理始終是避免衝突的關鍵。

早晨公雞的啼叫，穿過磚石與屋瓦，在室內迴盪，宣告新的一天來臨。

這時的我，已從早市回來，手裡拎著熱騰騰的油條，踩著紅磚地板，一路發出扁而輕脆的聲音，繞過前廳來到位於後邊的廚房。

早餐對我來說，是絕對不能馬虎的。母親最喜歡我親手做的饅頭，說比市面上賣的饅頭更香更好吃，為了不讓母親吃膩，我時常會換個花樣，有時加入核桃、南瓜子和乾果，做個營養滿分的五穀雜糧饅頭；有時撒上新鮮的蔥段，將蓬鬆的麵團桿成長條後編織，便是香味撲鼻的蔥花捲。

我將油條裝盤，從冰箱取出前幾日揉好的饅頭放入蒸鍋，沒多久，就冒出了氤氳的白色水蒸氣。

同時爐灶上鍋子裡的水也在激烈翻湧著，白淨的雞蛋隨之滾動，我算了下時間，走向廚房另一側，將咖啡豆和飲水倒入咖啡機內，按下啟動鍵，刺耳的研磨聲瞬間成為了主角，咖啡特有的香氣瀰漫了整個空間。

饅頭和水煮蛋一一擺上桌，再倒兩杯從畜試所買來的鮮乳，早餐大功告成。

伸手拭去額頭的汗珠，看著一桌豐盛的食物，我心滿意足地微笑，往後院走去，看見菜圃中母親忙碌的身影，向著陽光，背對著我。

「媽，吃飯了。」我一邊喊著母親，一邊朝母親走近，發現鄰居阿婆也在。

「阿姨，早啊！」我禮貌地向鄰居阿婆打招呼，問道：「阿姨吃過了嗎？要不要和我們一起用早餐？」

「不用不用，我已經吃飽了。」阿婆連連擺手，羨慕地和母親說：「妳真好命耶，兒子那麼孝順，每天早上都幫妳準備那麼豐富用心的早餐！」

阿婆來過我家幾次，知道我家早餐向來講究，即使是客套的稱讚，我聽了心中也不由得一陣欣喜。

母親卻沒好氣地抱怨，「有什麼好！早餐簡單吃吃就好，他準備那麼多，每天都要花一個小時吃早餐，時間都這樣浪費掉了。」

「怎麼會，有這麼孝順的兒子絕對是妳的福氣！」阿婆只當母親是謙虛，還一味地讚美我。

「沒有啦，阿姨，是您不嫌棄。」

我心裡沉甸甸的，表面上仍是笑著和鄰居阿婆道別。

或許母親那樣說沒有惡意，但一番話語如同利刃，否定了我做的所有努力。

回家用餐的過程中，我始終不發一語。母親似乎沒有察覺我的異樣，絮絮叨叨地分享起與鄰居阿婆的對話內容，而我只是隨口應付。

我不理解左鄰右舍的閒言碎語有什麼好聊的，母親怎麼能談得那麼起勁。

「中午要吃什麼？」

我還因母親無意義的碎念而感到煩躁時，母親突如其來的一句話徹底點燃我的怒火。

「媽，我們才正在吃早餐，您怎麼就在問午餐的事啊？」我停頓了一下，終究止不住那些積在內心的話。「還有，媽，您如果早餐不想吃那麼多可以跟我說，不要在別人面前講得好像是我在勉強您一樣，我也不是整天閒著沒事，一大早起來弄東弄西，忙活半天，您以為這一切都是為了誰？」

話一脫口而出，我立刻感到後悔，卻又拉不下臉面，還沒等到母親回應，我便草草地收拾桌上的碗盤，逃回廚房。

我故意擰開水龍頭，製造一些動靜，水從高處落下打在餐盤上，激起無數水花，卻無法澆熄我內心憤怒的情緒；我明明是為了母親好，卻只換來她的嫌棄，和母親無話可聊的煩悶，也令我不知該如何是好。

我的理智告訴我，這是我的不是，罪惡感一點一點地啃噬我的內心。

我深呼吸，拿起手邊的碗盤一個個清洗，當自己有事可做，不再一股

任由衝突一再爆發，細小的衝突累積起來，
總有一天會形成隔閡兩個人的高牆。

腦地陷在情緒之中，紊亂的思慮這才逐漸緩和。

我刷洗著一個不鏽鋼碗，某些相似的回憶片段突然浮現，同樣是我和母親的衝突，導火線正是一個不鏽鋼碗，和我手上的碗不同的是，那只碗的邊緣有著特殊且不可抹滅的痕跡，此時存放在我桃園中壢的家中。

在我小時候，金門地區作為兩岸衝突的最前線，因軍事國防需求使得城鎮長期處於較為封閉的狀態，縱使隨著兩岸情勢穩定，金門逐漸發展成淳樸安穩的農村社會，但偏鄉資源的匱乏，無論個人或是整體經濟發展皆受到很大的限制。因此，我的父母拚命奮鬥了大半輩子，只為了讓我們六個兄弟姊妹能到台灣本島念書，得到更好的機會。

我的家庭並不富裕，如同當時大部分的金門家庭，主要的經濟收入透過農耕、畜牧等傳統第一級產業的方式賺取。然而，金門土地大多貧瘠，降雨量稀少且分佈不均，只能種植地瓜、玉米等耐旱作物，基本賣不上價，農家只能靠種植高粱，販售給酒廠，以換取一年的主要收入。

我們金門的小孩是沒有假期的，一放假，我們便會被大人們帶到高粱田裡幫忙收割。一轟轟成熟的高粱穗黃而泛紅，飽滿的子實隨風搖曳，分外美麗。然而這一片看似愜意閒適的田園風光不過是假象，一旦下了田，實際感受到的是尖銳的高粱葉片劃過皮膚的刺癢感，是頭頂上如火炬般的烈日。當年我還小，高粱植莖高大，我輕易便會淹沒其中，密密麻麻的植株，意外形成悶燒的效果，我彷彿被丟到烤箱內炙烤，幾個小時下來，落下的汗珠足以彎成一條小溪。

小時候的我只會抱怨，想盡辦法逃避這累人的苦差事，不曾去思考，父母同樣忍受著割傷的刺痛以及烈日的曝曬，卻沒有一句怨言，日出而作，日落而息，為了家庭和小孩奉獻了所有，他們像是巨人一樣撐起大傘，而我在傘的庇護下平安地長大。

我沒想過，撐起我一生天地的巨人，也會有頹然衰老的時刻。

那時我已經離開金門，來到臺灣本島生活，託姑媽在新北板橋找了個住處落腳。房子並不大，父母來看望我時只能勉強擠擠，因此他們沒住幾天就要離開了。

在台灣、金門間還未有直航飛機的年代，父母回金門要先搭火車到高雄港，再轉乘渡輪，路途既漫長又顛簸，短短幾天的旅程，大半都耗在路上，我勸父母多留幾天，父母連連擺手，說家裡太多天沒人顧不行。

「我們走了，你一個人在台北要好好照顧好自己。」

車站送行時，父親語氣略微生硬地說了這麼一句，我卻能覺察到其中的暖意。母親則緊緊握著我的手，細細地交代著我早已嫻熟於心的日常瑣事。

我站在檢票閘口，目送他們走入月台，忽然之間，我注意到父母原本烏黑亮麗的頭髮覆蓋了一層薄雪，過往筆直挺拔的姿態，如今搬著行李顯得有些腳步蹣跚，我這才意識到，父母已經不再年輕了。

那一幕深深地印在我的腦海裡，提醒我，在大步往前邁進時，也不要忘記停下腳步，看看父母。

特別是我接觸佛法後，更深切體會到念父母恩的重要，時不時便會回想起車站送行的那一幕，以及父母親對我種種的付出和愛護。可嘆歲月如梭，當我一點一點成長時，父母也正一點一點的老去，每一次回頭看，無情的時間加諸在父母身上的痕跡，更令我有種時不我予的傷感。

父母像是巨人般撐起大傘，為了家庭傾獻所有
而我沒想過，撐起我一生天地的巨人，也會有頹然衰老的時刻。

「爸，我辦退休回金門照顧您，好不好？」

「你沒事幹嘛提早退休？小孩子都還在念書，正是用錢的時候，我的身體還行，和你媽媽兩個人生活過得很好，你不用擔心。」

電話中，儘管父親的語氣格外輕鬆愜意，試圖安慰並消解我的焦慮，然而我聽得出來，他的聲音不如以往的渾厚。

幾年前，父親的身體出現一些小毛病，一開始我們都以為是自然老化的現象，但隨著一連幾次回老家探望，我親眼看見父親總是大口喘氣，這才覺得有些不對。

我關心地詢問，父親輕描淡寫地回說，大概是運動的關係吧！只是情況不如父親所述那樣簡單，即使我不與父親同住，也明顯感受到父親說話

時常喘不過氣，隔著遙遠的電話線也掩蓋不住字裡行間紊亂的氣息！

我不管父親怎麼說，特地接父親來台灣本島的醫院就診，這才發現父親肺部纖維化的問題。

診斷一確立，身體努力維持的幻象再也支撐不住，病痛如洪水猛獸般席捲而來，父親的健康在短短的幾年內快速下滑，最後不得不依賴氧氣機才能正常的呼吸。

看著父親一日日憔悴，雖然佛法裡的無限生命都在告訴我和父親沒什麼好害怕的，但當我生命中的大樹枯敗傾頹，我還是無法淡然處之，更有陪伴父親走完他最後一段路的想法。

父親比我堅強得多，即便已經看到人生的終點，他仍像個無事人般正常生活，凡事為子孫著想，不肯因為自身的病痛麻煩到孩子。拗不過父親的堅持，我暫且放下返鄉的念頭，卻大幅度地增加了回金門的頻率，一個月裡有好幾天留宿老家，以便照看雙親。

因為父親生了重病，那幾年，我們的心力全放在了父親身上，忽略了母親甚多。

還記得那時候父親的病程已走到後期，身體狀況不斷惡化，大多時間躺臥在床，生活無法自理，而照護的重擔都落在母親身上。我們幾個兄弟姊妹無法馬上放下工作回家幫忙，便決定申請外籍看護減輕母親的負擔。

不知是否突然多了一個外人而感到不適應，原本面容慈祥待人隨和的母親好似變了個人，處處刁難外籍看護，嫌棄她事情做得不夠好不夠俐落，硬是推開看護，將所有事都攬在自己身上。

對於母親的態度我們並不怎麼在意，只是適時規勸母親不要過於嚴苛，畢竟人家也只是餬口飯吃而已，直到我回了金門，目睹母親是如何對待看護。

那時外籍看護萊拉正準備協助父親起身去廁所小便，母親見狀一個箭步來到兩人身旁並大聲吆喝道：「走開走開！我來，妳在這邊只會礙手礙腳的。」

萊拉一臉的疑惑不解，攙扶父親的動作也因此停了下來。

母親看見萊拉仍站在父親身旁，便更加嚴厲地喝斥，加上誇張的手勢，示意她趕緊離開。

我忍不住出聲，「媽，這種事情您讓萊拉做就好了啊。」

「怎樣？我老了？不中用了？所以你們都不需要我了？」

「我沒有這個意思，但這是萊拉的工作，您處處阻礙萊拉，搶著自己做，這樣她會很為難。」

「她做我不放心！我自己來就好！」

一瞬間，母親炸了鍋般，脾氣火爆了起來。面對激動的母親，我也不

「孝」不難，
「順」卻不容易。

知怎麼應對，只能先稍加安撫。

可母親不穩定的情緒就像是一顆不定時炸彈，在父親最後的時刻，帶來莫大的困擾。特別是對於臨終的父親，我十分擔心，母親糟糕的脾氣，將不利於父親休養，甚至可能引起父親的瞋心，為他的來世造成難以抹滅的傷害。

隔天晚餐，父親身體情況尚好，能與我和母親一同用餐。

父親因為配戴鼻導管的關係，動作舉止不便，加上雙手經常性無力，導致常常把飯菜撒得到處都是，常靠母親從旁協助，就算後來聘請了外籍看護，母親也不肯放手。

這晚，母親也堅持親手餵食父親，但一個不注意，父親未能順利含住母親送到嘴邊的湯匙，食物掉落，散了一地，母親不耐煩地出聲大罵。

「你怎麼連吃飯這種小事也做不好！」

父親緩慢卻倔強地說：「不用麻煩妳，我自己來。」

「你自己？我就看你怎麼自己來？」

聽到母親對父親說話也是如此刻薄，我感到一股怒火直衝腦門，下意識地將手持的不鏽鋼碗摔在地上。

「哐噹！」不鏽鋼碗掉落地面，發出巨大且清脆的聲響，剎那間遏止住父親與母親的爭吵，他們同時望向我，眼裡滿是驚恐。

我大聲說：「我不吃了，我要回台灣！隨便你們愛怎麼吵，我不管了！」

兩人沒想到我會發這麼大的脾氣，也顧不得彼此的爭執，一個勁地勸阻我、安慰我，然而氣正當頭的我立即起身，看都不看父母一眼，直往房間走去。

我將自己關在房內，眼淚不爭氣地流下，耳邊不斷傳來敲門聲以及父母的哀求。我一方面無法諒解母親的行為，一方面又自責為何做出如此衝動的行徑，兩種極端的情緒在我體內交互撞擊，那一晚，我已經不記得是怎麼結束的了。

母親的偏執和不安全感，一直到父親去世，外籍看護離去之後，才得以緩解。

我始終不明白為什麼，後來在公司我和老闆閒聊，老闆說起他的母親同樣排斥外籍看護，我才仔細思索，這或許不是母親個人的問題。

儘管我和兄弟姊妹出於好意，不希望母親承擔太重的照護工作而累垮，但我們沒有從母親的角度思考過，自行妄下定論。

母親的焦慮似乎來自於家庭的地位遭受威脅，她多年以來靠勞動付出撐起這個家的內部運作，然而外籍看護的到來，取代了她大部分工作，對母親而言，衝擊到她存在的意義。

母親作為一個被倚靠的角色，霎那間無所適從，她不能接受家人的生活重心，特別是她的丈夫，轉移到一個外人身上。如此想來，母親的心情如何不受到影響？她之所以選擇用無理取鬧的態度來面對，似乎也情有可原。

經過此一事件，我理解到母親是個閒不下來的人，她透過各式各樣的勞動來獲取她自身存在的價值，或許這也是她們這一代女性在傳統社會結構底下所選擇的生存模式。

這一刻，我深刻地體會到，不論是和母親，還是與任何人相處，理解與同理是避免衝突的關鍵。

後來，那個摔壞的不鏽鋼碗被我帶回了台灣，每次吃飯我都會使用那個碗。有一天女兒忍不住問我，那個碗都凹了一個洞，為什麼不丟掉？

我回答她：「這個碗絕對不能丟，這是我沒有體貼奶奶，對她亂發脾

當我一點一點成長時，父母也正一點一點地老去，
在大步往前邁進時，也不要忘記停下腳步，看看父母。

氣的證明，留下來是給自己的一個警惕。」

我希望時刻提醒自己，關心母親，絕不是表面功夫而已。

父親剛離世的那段日子，我的內心始終縈繞著挫敗感，那是一種無法填補的空缺，即使早已做好心理準備，我還是遺憾未能多陪伴父親更多時間、不能為他多做些什麼。正也是這樣的遺憾，令我不斷回想起一段段和父親相處的回憶，在那些清晰如昨的片段中，少不了母親的身影。

我已經沒了父親，不能再沒有母親。

父親過世之後，我時時刻刻關心母親，或回鄉探望，或電話聯繫。

母親沒有太大的變化，儘管神情透露著悲傷，但也不至於到茶不思飯

不想的地步。只是沒多久我就發現，母親和人接觸互動的頻率越來越少，不再參加宗親或是鄰里舉辦的活動，甚至很少出門和鄰居朋友見面聊天。每日夕陽一沒入遠方的海平面之下，天剛擦了黑，母親便會將屋裡屋外大大小小的門鎖上，將自己囚禁在空蕩蕩的老厝之中。

我極為擔憂。在一次返鄉和母親聊天時，試探問了問：「媽，我們明天出去走走好不好？村裡好像正在舉辦活動，要不要一起去看看？」

「我不要，你自己去吧。」母親想都不想，直接回絕了我的邀請。

「一起出門透透氣也不錯，不然您老是把自己關在屋內，感覺都快發霉了。」

「啊，不要啦，不想去。」

我繼續追問道：「為什麼不想去？」

「只剩下我一個人，出去幹嘛？」

母親的回答透露出一絲無奈。我這才明白，自從父親去世之後，母親自我封閉的舉動源自於她內在不斷增長的自卑，總覺得一個人不圓滿、沒面子。看著親朋好友的老伴都健在，相較自己只剩一個人，那種孤單和失落轉化成羞愧，反而不敢出現在眾人面前，乾脆就不出門了。

這樣下去也不是辦法，我擔心她老人家自我封閉久了，大腦思維變慢，只怕會增加老化的速度。或許亦是彌補當初無法時刻陪伴父親的缺憾，我和妻子以及公司主管討論過後，毅然決然地辭去工作，隻身搬回金門陪伴母親。

我的想法是，一個公司有沒有你，其實不重要，可是父親母親沒有你就差很多，可謂金山銀山，我一心只想給母親一個穩固的靠山。

原先純粹擔心母親獨自一人生活，心理狀況恐怕只會更加惡化，等到我搬回家一段時間後，我更深入地了解了母親的情況。

母親從年幼到長大成人嫁給我父親，一直深受傳統觀念的束縛，她也將女子三從四德、男主外女主內等等陳舊的思想，編寫入自我的生命核心。如同行星圍繞太陽旋轉，母親的生活重心也只有父親。她每天只想著如何打點好家裡大大小小的事務，學習做一個賢內助；就算出門，她也不會踏出村子東側這一小塊生活區域，也是我們家所在之處；她甚至不曾進城裡參加過市集，一切對外的事務都由我父親代勞。

在古典文學裡喜歡用比翼鳥、鰈魚、鴛鴦這種成雙成對的動物比喻夫妻，藉由大自然成雙成對的美好，期望夫妻二人同心與共、恩愛偕老。但浪漫的背後，卻隱含了一絲的殘酷。老年喪偶的母親，似乎不再完整，她失去的不僅僅是長年扶持的人生伴侶，還有她所以為的生命的意義，她彷彿斷了線的風箏，無方向地飄向遠方的天空，不知道該往哪裡去。

明白了這點，除了照顧母親生活所需之外，我開始積極參與或協助鄰里、宗親等大小活動，承擔起原本父親擔任的角色，想讓母親知道，就算父親走了也還有我在，可以讓她依靠。

我沒有明說，而是用默默的行動，讓母親的每一天都看得到我的身我希望母親能接受我的心意，並將我的好意放在最優先順位，但她會不會也是如此？一心想要和我多一點交流，希望成為我的「最優先順位」。

影，希望母親不會再感到孤單。幾個月過去，母親的眉頭漸漸舒緩，我這才放下心，知道我的陪伴起了些許作用，存在她心裡孤獨的抑鬱，將一點一點揮發蒸散。對於搬回金門的決定，我由衷感到欣喜且踏實。

即使我們是再親密不過的母子，驀然間同住，那些生活習慣的落差，總是在不經意間就爆發出來，讓我和母親不歡而散，就像是對早餐要求的差異，明明是為了母親好，為什麼最後會變成情緒性的指責？

其實說起來都是些雞毛蒜皮的小事，比如我洗了自家種的桑葚做飯後水果，還事先從冰箱取出，放至常溫，以便母親食用時不至太過寒涼傷了腸胃。

用完餐後我提醒母親，「有桑葚可以吃喔！」

母親不在意，「放著我有空再吃。」

我皺眉，桑葚不盡快吃很容易發霉。一片好心被辜負，便念叨了幾句：「您不馬上吃，我又要放進冰箱，拿進拿出，這不就不新鮮了嗎？」

母親看著我說：「但我接下來有事要做，所以不想吃啊。」

聽到這句，我頓時冷靜下來，我也想到了，這是我常常對母親說的話。每當母親和我閒話家常時，我總是有些不耐煩：「媽，我很忙，您可以不要再唸了嗎？」或是「我有事要做，沒空聽您說。」

我希望母親能將我的好意放在最優先事項，母親不順我的意，我就會有些煩惱，也不是不悅，只是想要母親接受我一番心意。

母親會不會也是如此？她和我說些鄰里間的閒話，追著我問：「午餐要吃什麼？晚餐要吃什麼？等下要去哪裡？」並不是真的有什麼要緊的事，而是想要和我多一點交流，希望成為我的「最優先事項」。

我突然就感到愧疚。

搬回金門後，出乎我意料，有太多要忙的事，要照顧母親三餐，打理內外；宗親、鄰里間有事，要代表家裡出面幫忙；要協助金門教室的運行，離島不比台灣本島，資源少，人手不足，一個人要當好幾個人用……

各種大大小小的事務塞滿了我的生活。我以為為母親扛起家務，在外為母親做面子，並且貼心照料她生活所需，就是孝順的表現，但實際上我只做到了「孝」，而沒有「順」。

「孝」不難，「順」卻不容易。

以前我就不耐煩聽母親講話，我總不明白，那些東家長西家短有什麼好說的？我為什麼要在乎隔壁伯伯或是鄰居嬸嬸發生了什麼事？甚至是不好討論的隱私？

可仔細思考過，為什麼母親要跟我說這些，不過是為了和我有多一點話題，而母親生活圈就是如此狹小，她不和我說起身邊的人事物，難道還能與我交流《廣論》嗎？

在鄰居阿婆面前嫌棄早餐一事也是這樣，或許母親是不希望我太辛苦，那麼早起來忙碌；也或許，母親嘴上碎念，心裡卻是欣喜的，帶著些許炫耀的心態，其實想表達的是我兒子親手幫我準備那麼豐盛的早餐，不是我要求的。她想藉此聽聽外人恭維的話語，只是又無法直接表示。

透過心境的轉念，理解母親可能的想法後，我也暗自反省，不該對母親的態度那樣差勁，有什麼話不能好好溝通，而是任由衝突一再爆發？這些細小的衝突累積起來，總有一天會形成隔閡我們兩人的高牆，我想起了那個在中壢家中的不鏽鋼碗，我還需要多加練習，練習更多體貼母親，練習靠近彼此。

了解母親是個閒不下來的人。幾年前母親說想在後院開闢菜園時，我便全力支持，一方面順著她老人家的意，另一方面多活動活動筋骨對母親而言也是好事，能減緩身體退化的速度。

一個公司有沒有你，其實不重要，可是父母沒有你就差很多，
哪怕金山銀山，我一心只想給母親一個穩固的靠山。

我陪著母親整地、鬆土，並留意報紙上的資訊。每年金門農業試驗所都會將他們所內培育的菜苗回饋給在地鄉親，有常見的高麗菜、白菜，也有萵苣、包心白菜等等，一旦看到了相關公告，我就進城替母親帶回一株株菜苗。

菜園大部分的事主要都由母親打理，我們不多插手。能自己做主菜園，並從另一個角度對家裡有所貢獻，母親為此十分歡喜，每天有大半時間泡在菜園裡，依然樂此不疲。

我偶爾協助母親做一些重活，不讓母親太辛苦，譬如菜園的籬笆，便是我去林子裡弄些木材回來打磨組裝的；墾地的時候，我看土壤因為缺水較為乾硬不好耕種，就去挖一些比較濕潤的黑土回來；母親累了，我也會幫忙澆水、除草以及採收。

因為金門乾燥少雨，就算是家庭後院的小小菜地，水源也是一個棘手的問題。我們最初打菜園旁邊的井水來灌溉，但近幾年來天公不作美，雨

下的甚少，井裡的水日漸乾涸，於是我從家裡牽了條水管過來，直接引自來水供母親使用。

鄰居看到了好心說了幾句，自來水費很貴，種個菜也賣不了多少，這樣非常不划算。但對於我來說種菜的價值不是這麼計算的，每個月多付個幾百塊也不成問題，只要能讓母親快樂，我心甘情願。

母親的菜園使得我們兩人在金門的日子，得以過上半自給自足的生活。後來母親覺得日子過得很是充實，精神越發飽滿，已不滿足於種菜，決定利用菜園旁的畸零空地來養雞。秉持著佛教不殺生的精神，我說服母親只養母雞，我們就撿新鮮雞蛋來吃。

每當菜園豐收時，我們會挑些漂亮的蔬果分送給親朋好友。母親種菜，用的都是家禽家畜排泄的有機質肥料，同時她也堅持不噴灑任何農藥，種出來的成果在品質和健康上都有一定的保證。看見親友們收到自己種的蔬果露出的欣喜神情，對母親而言就是一個最大的收穫。

這小小的菜園成為我和母親協力打造的一方樂園，增加了彼此的互動，多了討論的話題，重新拉近我和母親之間的距離。更重要的是，我感覺透過菜園分享的時光，更加靠近了母親的內心。

現在，母親可以很自然地邀我一起外出活動，她的生活再次煥發了活力與生機，不似我剛搬回家時那樣死氣沉沉。

「阿榮！」

我坐在客廳處理日常瑣事，聽見母親的叫喚，我抬起頭，她的身影出現在門口。

「什麼事？媽。」

母親笑說：「今天海邊風沒那麼大，我們去採蚵仔。」

我應了聲後收拾手上的工作，接著聯絡附近的朋友一起來幫忙，轉身便跟母親去準備採蚵的工具。

我騎摩托車載母親前往海邊的蚵田，沿途迎面的風雖然冷冽，在陽光照耀下，卻也不感到寒冷。順著田野小徑騎到盡頭，遼闊廣袤的海岸線在我們眼前開展。兩位朋友已經等在小徑與沙灘交界的防風林邊，向我們招手。與朋友會合後，我們穿好一身裝備，拿著蚵刀，一同往潮間帶的泥灘地走去。

金門西北的古寧頭海岸在潮水退去後，便能看見海棚裡矗立著一條條的花崗岩石柱，如同一列列軍隊佇立綿延數里，這就是金門古寧頭獨有的石蚵田，運用石條做為牡蠣苗著床的基礎，俗話稱為「蚵株石」，又稱做「蠔嘟」。是有別於其他地區，石蚵田傳承已數百年，養出的石蚵雖說個頭小，但肉質Q彈、味道鮮美，自明朝以來即成為沿海一帶的重要經濟來源，養活了好幾代的金門人。

採蚵的過程極為辛苦，我們踩著爛泥在石蚵林中穿梭，一碰觸到冰冷的海水，那鑽心刺骨的寒意實在令人難以忍受。儘管穿著防護裝備，但一不小心，粗礪的石條和石蚵外殼便會在手腳上留下大大小小的傷口。

時光讓我們擁有數也數不清的美好回憶，
時光卻又如此的短暫，短到難以回覆父母哺育我的恩情。

兩位朋友春秋正盛，但採蚵時仍嫌吃力且舉步維艱，相較之下，母親健步如飛，挑起一個個竹簍，一瞬間便採了好幾公尺遠。

我協助篩選整理採來的石蚵，依照不同的品質分類堆疊不到幾個小時，海岸上的石蚵已堆成一座座小山，大半是母親採收的。母親經驗老道且手腳利索，挑上岸的石蚵外形完整並已淘去了泥沙，反而兩位朋友採收的石蚵還附著不少淤泥，需要我再做清理。

朋友們見狀自嘆弗如，連連稱讚母親薑還是老的辣。

我打趣說道：「媽，您真的是不服老，您看看您採蚵比我們年輕人還拚命，而且做得比我們都要好！」

母親直接回了句：「三八！不要亂講！」但我瞥見母親嘴角的笑意藏也藏不住，似乎對自己的手藝相當自豪。

向晚的夕陽將整片海岸線暈染成朦朧的紅色漸層，我望向矗立在大海的石蚵林，不知已觀賞過多少次這樣的美景。

母親挑著一簍石蚵朝我走來，年邁的她腳步堅定，不見絲毫衰老的跡象。此刻，我多希望母親永遠都不會老，永遠幸福健康，對著如母親般養育我們的大海，我在心裡這樣祈禱。

回到家後，我和母親在前院花了不少時間處理一整個下午的收穫。回過神來，夜幕早已低垂，晚風拂過帶著一絲冷意，我趕緊招呼母親進屋，並替她添上一件小外套，避免她著涼，隨後進廚房，炒了幾樣自家種的菜，新鮮脆爽，再配上現採的石蚵，我和母親兩人的晚餐簡單卻十分滿足。

肚子飽脹，體內的血液為了消化一股腦地向下，腦袋放空，整個世界也跟著慵懶了起來，只剩此起彼落的蟲鳴合奏，宛若天籟。

我稍坐一會後，便起身收拾廚房，想著為勞累一天的母親按摩放鬆，順便幫她剪剪指甲。我端著一盆溫水走到前廳，電視正播放著浮誇又接地氣的八點檔，母親坐在竹椅上一邊看著電視，一邊織著毛線。地上擺放一堆廢棄的月曆紙，是不識字的母親為了方便計算針數的小智慧，每鉤十針就在腳邊放一張紙，有時看電視劇看得入迷了，分心數錯了針數，也只好拆掉重來。

所幸打毛線只是她老人家的消遣，即使重來也沒啥好沮喪的。閒來無事母親就會織個小圍巾、小手帕，興致一來還會為每個兒女織毛衣。雖然臺灣的天氣，一年到頭穿毛衣的機會寥寥無幾，但我們還是很識趣，時不時送各色的毛線給母親，一方面讓母親打發時間，另一方面充滿母愛的毛衣，是我們心中的無價珍寶。

電視聲持續沒入背景環境，母親雙手動作漸漸緩慢了下來，接著傳來沉重的呼吸聲，母親頭一點一點的，忍不住打起了瞌睡，我不由得會心一笑，輕聲將她喚醒。

「媽，很累喔？我幫您按摩一下。」

母親朦朧地點了點頭，意識仍處在似醒非醒的交界。

我將毛巾以溫水浸濕，放在母親的肩頸處，接著緩緩施力，推開母親因勞動工作而僵硬的肩頸肌肉，並像個專業的按摩師煞有其事地問母親力道還可以嗎？還有哪裡需要加強嗎？母親被逗得開懷大笑。

隨後我握起母親的手幫她剪指甲。每每接觸到母親雙手肌膚的時候，我便能真切地感受她的操勞與衰老，摸著母親手上的一層層厚繭，關節也粗大變形了，這些都是母親為這個家辛苦奉獻一輩子的痕跡，也是她給予我們無限之愛的證明。

盡孝不在於物質追求，僅僅是單純陪伴，
與父母一同體會歲月靜好，便是人生最大的幸福。

回想十多歲離家，父母正值壯年，等再次回到故土，已是四十年的光陰飛逝，父親已離去，而母親與我皆已鬢髮如霜。我從小到大所居住的這棟紅磚石木搭建起的閩式建築，也成為了具有觀光特色的傳統老厝。時光是如此的漫長，讓我們擁有了數也數不清的美好回憶；時光又是如此的短暫，短到難以回報母親哺育我的恩情。

當我決定陪伴母親走過接下來的日子，親朋好友都有所擔憂與顧慮，作為長輩的主要照顧者往往承擔很大的壓力，但自始至終我都不曾感到一絲辛苦，也不曾有過埋怨。

母親和我已是兩個年紀加起來將近一百五十歲的人，一起下田做事、一起吃飯、一起生活，相偕相伴地過日子，是多麼平靜美好的一件事。

儘管母親已然步入她生命的尾端，這樣的場景在將來的某日不再復見，但至少在最後歲月裡，有我在一旁陪著她哭、陪著她笑，我的陪伴能換得母親晚年的安適與舒心，就是最大的慰藉。

我在父母親養育我長大的老厝內，照顧父母終老。現在的我，喜歡坐在天井中納涼，陪著母親聊天，看日光的軌跡，從這一室到那一房，從不同方位照射屋內的各個角落，在此之間我看見了屋舍與自然的互動，而它也悄悄地告訴我時光是怎樣的流逝。

這些，都是我從前在忙碌的職場中不曾體會的閒適安寧，在返鄉定居後，那些埋藏在日常之中的緊密羈絆，一一展現在我的生命中。對我來說，盡孝不在於過多的物質追求，僅僅是單純的陪伴。在柴米油鹽中，重拾母親與我的親密，和母親一同體會歲月靜好，便是人生最大的幸福。

當我們同住一起

增榮是成長於偏鄉的孩子，與兄弟姐妹各自離巢、成家，有了穩定而成功的事業。當他步入職涯高峰期，卻面臨父母重病、老去，需要照顧的問題。

如同增榮父親一開始的想法，兒女已經有了自己的家庭，甚至還要撫養下一代，怎麼能夠輕易放棄工作回家照顧父母？

在失去父親後，增榮深刻體會陪伴父母的時光彌足珍貴，毅然辭掉工作回鄉與母親同住。這時長年不在同一個屋簷下的兩人，因為世代觀念和生活習慣的不同，產生了磨擦，明明知道自己的態度不對，一不小心還是會對母親不耐煩。

即使至親如親子，也會因為乍然生活在一起而起衝突，屏除情緒的影響，避免跟父母針鋒相對，讓親子間能好好對話，永遠是至關重要的課題。

好好對話五大守則

◆讓父母說想說的，不一定要應和、搭話，耐心聆聽就很好；暫時沒有辦法接受他們的想法也沒關係。

◆回顧讓你感到不耐煩的時刻，記錄衝突發生時的場景，具體描述你不耐煩的對象或事件，把念頭梳理清楚，問問自己：「我是因為什麼原因而生氣？」

◆去察覺自己在負面情緒中，觀點是如何變得侷限的？當注意到彼此觀點的不同，就能慢慢鬆綁自己的見解。每個人都是不同的生命個體，僅從

回家，給予我在忙碌職場中不曾體會的閒適，
在那些埋藏在生活的緊密羈絆中，悄悄地告訴我時光是怎樣的流逝。

自己的角度出發，自然會覺得別人的做法不對胃口，如此便永遠無法理解彼此。

◆換位思考，揣想對方的堅持為何？試著了解父母的個性、習慣、養成背景，才能體會他們心裡在想什麼。

◆不斷地練習，直到有一天不論家人再怎麼嘮叨，自己也不會厭煩，就能夠完全同理家人的立場，體貼家人的心意，幸福也會隨之來臨。即使需要承受不喜歡的叨念，或是改變自身接受不同的想法，也會因為家人的呵護與關注，感到無比的溫暖。

在浩瀚星空下擁抱你

劉月嬌 文／廖雅雯

用最真摯、無染、純粹的心，想讓周遭的人快樂，如果從生到死就這一件事，生生世世就這一件事，那麼生命何其單純、何其美好！

我好手好腳，行動自如，
比起其他忍受著身體病痛、掙扎求生的病患，我的情況又哪裡壞了？

我又來到了台大醫院，這一次，我自己一個人辦理了住院。

妹妹來看我，握著我的手問：「二姐，妳還好嗎？」

我傻愣愣地，也不想回答。怎樣算好，怎樣不算好？每次憂鬱症發作，我就整夜整夜地失眠，吃不下，睡不著，什麼事也不想做，連哭都哭不出來，心裡一片空白，這樣好嗎？可另一方面，我好手好腳，行動自如，比起其他忍受著身體病痛、掙扎求生的病患，我的情況又哪裡壞了？

面對我的冷淡，妹妹毫不氣餒，依舊溫柔細語與我話家常，說些聽來的趣聞，試圖引動我的情緒，終究是徒勞無功。

妹妹可能是累了，沒一會，就走出病房，留我懶懶地坐在病床上，看著窗外的天空。

湛藍的天空是那樣的清澈爽朗，全然不似我灰濛濛的內心世界。

我閉上眼，想起過去幾次入院，也是這麼明麗晴朗的天氣。那時身邊有母親陪伴，她會一遍又一遍地跟我說：「抬頭起來看，不要讓妳的心一直往下沉，那樣不好。」

母親也不清楚什麼是憂鬱症，但她知道人的心若是變得沉重，就會墮入黑暗之中，母親是從絕望深淵爬出來的人。

「嗡嘛呢唄咪吽、嗡嘛呢唄咪吽、嗡嘛呢唄咪吽……」

我彷彿又聽見母親為我誦念六字大明咒的聲音，可一睜開眼，白雲緩慢地映入眼簾，空調呼呼地運轉，夾雜著說話的人聲和腳步聲。

「二姐。」

我回頭，妹妹站在身後對我笑：「我幫妳請好假了，我們去公園走走吧。」

我的主治醫生是位名醫，門診總是大排長龍。為了掛他的號，我一大早就得從桃園北上，掛號後至少也要等上四五個小時。我不喜歡在壓抑的白色診間久候，就會來毗鄰台大醫院的二二八公園走走。二二八公園占地雖大，就醫看診這麼多年，我對這座歷史悠久的公園仍然陌生，每每走沒多久，我就要找一塊地坐下，直到時間都過去了為止。

時間對憂鬱症患者來說，是最沒有意義的東西。就因為不在乎時間，我反而成了最會等待的人，我可以一直一直等下去，一直等到世界末日。那或許，是我最渴望的結局。

妹妹不理解我的心情，她以為，接觸鬱鬱蒼蒼的自然，能驅逐我內心的灰暗。因此，跟醫院請了假後，妹妹興致盎然地拉著我四處溜達。

我沒一會就累了，扯開妹妹的手，「我不要走了。」

「二姐，再多走幾步嘛！」妹妹指著前方的綠樹，「妳看，有松鼠耶，好可愛，我們過去看看好不好？」

「有什麼好看的？」我不以為然。

妹妹拗不過我，由著我領路，我下意識地就往記憶裡的方向走去，當我突如其來停下腳步，妹妹猝不及防地撞上我，「唉呀，二姐，妳好端端地幹嘛停在路中央啊？」

我怔怔地看著大樹下散落的石頭座椅，那是清朝天后宮留下來的柱礎與基石，如今輝煌已不在，只剩下這麼一點歷史的痕跡，放在樹下作為座椅使用。其中有一大一小兩塊基石並排在一起，好似一對相互依偎的母子，我慣稱為「子母椅」。我從前看診都有母親陪伴，母親會坐在那顆較大的石椅上，我則坐在了旁邊的小石椅，相互依靠，度過那些年受憂鬱症所苦的漫長時光。

我流下淚來。

妹妹驚訝地問：「二姐，妳這是怎麼了？」

「我看到媽媽了……」

妹妹擔憂地攙扶著我，「二姐，妳還好嗎？我們現在就回醫院，讓醫生看看。」

「我很好。」我堅定地說，「我的憂鬱症已經好了，回去就辦理出院吧。」哭出來的那一刻，我空洞的心靈頓時滿溢著豐沛的情感，我再度擁

媽媽的鼓勵，樸實又溫柔，她無法給予我們富足的日子，
卻用她的方式盡其所能地疼愛我們。

有了共情生活的能力，那時我便知道，我不會再被憂鬱的情緒所囿。

我不捨地回頭看向子母椅，母親坐在樹下，溫柔地對我說：「月嬌，妳要站起來，不要再沉下去了。」

我在心裡默默回答：「媽媽，我會的。」

有母親給我的力量，我相信我能夠永遠走出憂鬱症的陰霾。

即使母親已經不在。

我的母親，是全世界最堅強的女人，她是我一生的支柱。

打我有記憶起，父親總是躺臥在床，成天不停地咳嗽。我家裡窮，什麼都缺，最不缺的就是各式各樣的藥袋，藥沒了，就算是三更半夜，母親

也要厚著臉皮去敲鄰居的門，問鄰居借錢去買藥。

因為沒錢，我兩個哥哥和姐姐小學畢業後就沒再讀了，外出打工貼補家計。母親更是到處給人做長工，做些種田耕地的勞苦農活，才勉強撐起一家七口的吃穿，和父親的藥錢。

母親在外忙碌了一天，回到家來還要伺候父親，就這樣我父親還不消停，三不五時衝著母親發脾氣，故意說氣話：「我不想活了，你們都不要理我，讓我死好了，也省得拖累你們！」

我們幾個孩子跟著母親跪在床前，哭求父親不要這樣，一邊哭大哥一邊推我，暗示我偷跑出去找鄰居叔叔來幫忙。我懵懵懂懂地往外跑，心裡對父親是有一些怨恨的，我不明白為什麼母親都這麼辛苦了，父親還要欺負她？

我的母親一生都在為了錢煩惱憂心，我看著她，害怕自己也過上這樣的日子，便打定主意要用功念書。那個年代崇尚讀書能夠改變命運，但在台中新社的鄉下，哪懂那麼多，我也只是羨慕鄰居叔叔當公務員，家裡就有錢訂《國語日報》，還能吃上公家配給麵粉做的大白饅頭。

我愛讀書，母親也願意讓我去讀，看到我拿回來的一百分考卷，母親都會笑得很開心，只是那笑容，掩不住她眼裡的疲累。

我升國中那年，纏綿病榻多年的父親過世了。少年夫妻老來伴，母親沒能和父親走到白頭，其中還忍受他多年的言語暴力，心情複雜地為父親辦完了後事，最後也只化作一聲嘆息，對我說：「妳要好好念書，如果妳爸爸還在，妳恐怕是沒這個機會了。」我點點頭，知道我還能繼續升學，全是母親的犧牲，和兄姐們的成全。迫於生活，不能對所有的孩子一視同仁，為此，母親一直心懷愧疚，即使兄姐們並不放在心上。

但上了國中，課業難度遠超小學，我又是家裡讀書讀得最好的，沒人能輔導我，遇上了問題只能靠自己；加上我隱隱擔憂國中學歷就是極限，母親無法繼續供我上高中。多重壓力下，課業表現不是很好，而這些母親都看在眼裡。母親什麼也沒多說，只是在需要人力幫忙農活時，把我排除在外，「妳什麼都不用做，儘管去讀書。」

母親的鼓勵，樸實又溫柔，她無法給予我們富足的日子，卻用她的方式，盡其所能地疼愛我們。「妳喜歡讀書，妳就放心去讀。」、「不要怕，有媽媽在。」就是母親一句句的支持，還有老師們的教導，我才能安下心，全力衝刺課業，考上了台中女中。

我是我們家第一個上高中的人，這在當年，簡直像在做夢一般，我彷彿看見人生一道曙光，照亮了前方的路，即使困難重重，總算是踏出了第一步。

信紙越短，背後的情感越長，就算知道對方會寫些什麼，
我們還是一遍又一遍地寄著同樣的信件，閱讀同樣的思念。

「二姐，給妳便當。」一大早，我和妹妹在台中女中的校門口會合，妹妹匆匆取出一個用布包著的鐵製便當盒塞到我懷中，便趕著去上課了。

「路上小心，走慢點。」我衝妹妹的背影喊著。

「知道了。」妹妹頭也不回，擺擺手，腳步一點也沒停留，深怕猶疑了幾秒，就會遲到。

我抱著便當走進教室，同學看見了隨口問說：「月嬌，妳妹妹又幫妳送便當來啊？」

「嗯。」

「妳媽媽對妳真好。」同學感嘆道，「中午一起吃飯？」

我沒回應，趕忙轉移話題：「早自習快開始了，我先拿去蒸飯箱。」

我上學晚，所以妹妹雖小我三歲，年級只晚了我一年。但妹妹成績沒我好，讀的是台中家商。我為了多一點時間念書，省去通勤之苦，借住在了市區的遠房親戚家，妹妹卻選擇了通勤，母親便讓妹妹每天給我送便

當，妹妹沒空，也要託認識的同學送來。母親就是這樣，擔心我一個人在外，捨不得吃，想盡辦法也要為我送飯，但我總是害怕同學看到我家的菜色，午間下課鐘一打，拿了便當躲到校園角落去吃，就是不願意留在教室。

我開啟飯盒，果然又是千篇一律的青菜，最多加上一顆菜脯蛋，半點葷腥也沒有。少女時期的我愛面子，就算班上沒幾個同學吃得上肉，我也覺得自己矮人一等，不想同學看見我的寒酸，每頓飯不僅吃的一樣，還都是最便宜的青菜。

夾起煎得恰恰好的雞蛋咬了一口，母親自製的菜脯鹹脆爽口，是記憶裡熟悉的味道。我低下頭，感覺眼眶熱熱的，家裡也沒養幾隻雞，每天母雞下的蛋都是有數的，但我的便當裡，從不缺蛋。

我又吃了一口菜脯蛋，這次，覺得有點鹹了。

後來，我一路讀到了淡江大學夜間部。

我深知比我優秀的人太多，考不上公立大學，也要找間知名私校的夜間部，白天還能打工給自己掙學費和生活費。

初到台北，人生地不熟，兼顧學業的同時，要找工作，還要找地方住，其中艱辛，三言兩語難以道盡。

那個年代，電話難得，母親不識字，都是透過妹妹寄來一封封的家書，上面總寫著一模一樣的字句，「家裡一切安好，勿念。」我也總提筆回道：「我在台北過得很好，請媽媽放心。」

信紙越短，背後的情感越長。就算知道了對方會寫些什麼，我們還是一遍又一遍地寄著同樣的信件，閱讀同樣的思念。

大二時，我認識了我先生。我先生是一個腦袋轉得很快的聰明人，膽大卻心細。都是從外地來的大學生，我辛辛苦苦地找朋友合租省房租，他已經懂得租下整棟透天別墅，做起二房東的生意。

正因為租房，我們相識相遇，進而交往，畢業後自然而然地進入了婚姻的禮堂。

即使為人妻、為人母，我仍然沒有放棄考公務員的夢想，幾乎是孤注一擲地拚命念書，連初生的女兒也顧不上，先生一樣忙碌於工作，無暇顧及家裡。於是在我的求助下，母親立刻拋下老家北上幫我帶小孩，做我的後盾。

同是身為人母，我的母親比我偉大得多。

她因為愛我，連帶愛我的家、我的小孩，無私地為我付出所有。

有母親在，我沒有了後顧之憂，成天泡在圖書館裡。一回到家，就有熱騰騰的飯菜可以享用，身邊還有慈祥和藹的母親，與可愛白胖的女兒陪伴，所有壓力頓時煙消雲散。現在回想起來，那或許是我人生中最輕鬆愉快的一段日子。

有了母親給予的支持，隔年我就考進了智財局。

眼看我的人生上了軌道，母親打算回新社老家去繼續她種田的生活，一通電話打亂了我們的安排。

在媽媽面前，
我永遠都是個孩子。

「月嬌，我想跟妳商量，辭掉工作回桃園爸媽家住。」先生掛上電話，沉默了好一陣子，最後仍是做出了這樣的決定。

「爸爸的情況很不好嗎？」我問，自從公公病倒的消息傳來後，我就有心理準備遲早會有這一天，只是沒想到來得這麼快。

先生搖搖頭，「檢查結果出來了，是肺癌。接下來爸爸必須住院化療，只靠媽媽一個人照顧是不成的。」

「怎麼會……」我聽了很是難過。

我結婚不過三年，和公公相處的時間不多，但公公一直對我很好。他在國小任教四十年，是鄉里間有名的好老師，我在備考期間沒有收入，也是公公積極安排我至他任職的學校做代課老師。去年公公才從崗位上退下，展開含飴弄孫的退休生活，竟就傳出了這樣的噩耗。

先生一向孝順，更何況在五個孩子裡，公公對他有著特別的期許，他們父子之間情感深厚，如今公公出事，先生不可能置之不理。

「那就回去吧，再重新找工作就是了。」我說。

沒想到先生否決了我的猜想，「月嬌，我暫時不會出去工作了，我會和媽媽輪班守在爸爸身邊。」先生表情無奈，但可以理解。先生和他的兄弟姐妹們都是正在拚事業的年輕人，也各自成了家，下有年幼的孩子嗷嗷待哺，讓一家的青壯年全辭掉工作輪流照料病患不太現實。只是不管他人想法如何，先生只求問心無愧。

先生的決定我自是全力支持，卻不免擔心。我不畏懼通勤，先生辭職後，我的薪水便是家裡唯一收入，即使每天要花上三四小時來回台北桃園，也在所不惜。但孩子怎麼辦？家務怎麼辦？我能夠兼顧得了這方方面面嗎？

最後還是母親站了出來，跟著我們一家回先生位於桃園富岡的老家住，繼續幫我帶孩子。

我作為女兒，母親跟我住是再理所當然不過的一件事，但在傳統思想裡，少有嫁出去的女兒將母親帶在身邊，何況還帶著一起住到婆家去。就算母親是為我排憂解難，是為了減輕我的負擔，可外人不明白，少不了閒言碎語。母親也會受傷，但她選擇默默吞忍下去，只因她知道現在的我離不開她。

我覺得很對不起母親，卻只能安慰她：「媽，您不要理會別人怎麼說，您是我的媽媽，跟我住沒什麼不對。」

母親拍拍我的手，語重心長地說：「我知道，我跟女兒住沒什麼。妳孝順我是應該的，但若不是女婿對我這一番孝心，我絕無可能住下來。」

我的母親沒受過什麼教育，但她一直是一個明白人，她可以不在乎傳統的規範、外人的眼光，卻不能不重視我先生對她的看法。岳母和女婿間並沒有血緣關係，並不需要承擔扶養的責任，只要相互尊重、互信互愛，就是一段美好的關係。

如果我先生不接受媽媽跟我們住，誰也無可指謪。幸運的是，我找到了一個孝順的人託付終身，無論是對他的父母，還是對我的媽媽。

公公撐不到一年，依舊不敵病魔，離世了。

婆婆和先生不再需要跑醫院，得以從照護病患的重擔中解脫，回歸正常生活。我當時已有老大和老二，主要都是我母親帶的，所以，母親還是跟著我住在婆家，婆婆則照顧小叔的孩子。這像是一種無言的默契，孩子出生起給誰帶就誰帶。兩位母親，我們都感恩。

在生活的小細節，我也處處感受到婆婆對我的疼愛。我從台北下班回來晚了，婆婆會特別幫我留飯，回到家掀開桌罩，一碗滿滿的飯菜，有魚有肉，在我過去的回憶裡，少有機會吃到如此豐盛的家常菜。

我以為自己承擔了夠多世界的負擔，卻看不見媽媽那一雙為我撐傘的手，
忘了我已經長大，忘了媽媽已經變老。

我實現了我小時候的夢想，有好工作，有和樂的家人，卻沒有因此過上幸福快樂的生活。

人與人之間的磁場就是這麼奇妙，我的婆婆很好，我的媽媽很好，但她們不是同路人，在一個屋簷下住久了，難免會有糾紛。日子尚短的時候，大家客客氣氣，每日奔波於醫院和家庭，忙得馬不停蹄，有什麼齟齬，忍一忍也就過去了；然而日子長了，積累的不滿如同一顆灌滿氣的氣球，只差一個微小的戳刺，就會引起巨大的爆炸。

我和先生商量，這些年下來也存了一筆錢，不如就按照計畫，買房搬家吧！我們在中壢購置了一棟透天房產，房間眾多，除了我們夫妻和母親外，兩個女兒、後來又添的小兒子各自有獨立的房間，我們特地為婆婆留了一間房，想著偶爾接她過來小住，共享天倫之樂。

眼看未來的日子一片敞亮，這時小叔開口建議婆婆：「大哥大嫂為您準備的房間布置得這麼漂亮，媽媽您怎麼不乾脆住進去，看看是否舒

適？」小叔的孩子也大到可以上學了，無須婆婆不錯眼地盯著，可能是婆婆覺得和我們住比較放鬆，又或許是她想換個環境，就這麼接受小叔的提議——婆婆和母親，又住在了一起。

這一住，就是一輩子。

「月嬌，妳要去哪裡？」

收拾完晚餐的碗筷，小兒子的功課也檢查過了，我瞄了一眼時鐘，才八點多，先生還沒回來，我心裡煩悶，正想出門走走，就聽到母親詢問。

我回頭看，母親站在樓梯口，應該是剛送完水果上樓給孩子們吃，我扯扯嘴角：「我去散步。」

坐在沙發上看電視的婆婆看到母親，就不自禁地皺眉，說：「要吃水果就讓他們下樓吃，送到房間，算什麼規矩？」

母親不在意地回道：「孩子們念書呢，我走幾步路的事，哪有什麼關係。」

婆婆撇撇嘴，顯然不認同。

劍拔弩張的氣氛，讓我幾乎要喘不過氣，我趕緊說道：「我出門了。」

「欸，月嬌——」母親見狀連忙喊道：「別太晚回來。」

「我知道了。」

關上門，我長吐一口氣，感覺胸口的重負減輕了一些，不知怎地，最近總笑不太出來，每天一睜開眼睛，就是無數令人窒息的煩惱，像個陀螺般不停地旋轉，只有在晚餐後的這一小段空檔，我可以什麼都不想，不扮演任何角色，只是單純的我自己。但我又是誰呢？我也不清楚。

先生膽子大，有野心，前幾年下定決心自主創業，開了一間運輸公司，生意剛起步，忙於交際應酬，待在家的時間便少了。先生的生意我幫不上忙，只能想辦法照顧好自己與家人，不增加他的負擔，可我沒想到的是，我竟連這種小事都做不好。

我申請將工作調回桃園，進入學校擔任主計工作，原想著離家近，能更多陪伴家裡人，豈料工作上的壓力排山倒海而來，幾乎要將我壓垮。我太過驕傲，不願承認自己的不足，明明不熟悉電腦操作，卻咬著牙埋頭苦幹，甚至別人不做的工作，我也接過來做，每件事都要求做到盡善盡美，渴望得到他人認同的眼光和稱讚。

屋漏更逢連夜雨，我參加了民間互助會卻被倒會。有一段日子，我下班後還去兼職直銷，倔強著不肯向任何人求援，憑自己的力量將這筆財務漏洞補上。那些時日，我完全顧不上家裡，孩子放學了，是母親負責接送，關心他們吃飽穿暖，就連我婆婆生病住院了，也是母親伺候照顧她。

母親很不滿我的狀態，「妳不顧好自己的孩子，賺再多錢有什麼用？」

每天一睜開眼睛，就像個陀螺般不停地旋轉，我想擁有一小段空檔，
可以什麼都不想，不扮演任何角色，只是單純的我自己。

一開始母親的苦口婆心我完全聽不進去，我承受不了虧欠他人的負疚感，因此犧牲了自己最親愛的人。母親看了難受，年紀漸大的她仍選擇為我扛起所有責任，無微不至地關愛每一個人。她的愛是偉大而無私的，小兒子下課後帶同學回家吃飯，母親從不計較，將孩子的同學也當作自己的孫子疼愛，關心他們的家庭狀況，私下提醒我：「那個常來家裡玩的小朋友似乎付不出補習費，妳若有能力就幫一把。」

我彷彿又見到當年拚命也要成全我念書的母親，她沒有受過教育，卻又是這麼尊重教育。因為有母親在背後的支持，再苦再難，我也一一走過來了，行有餘力還能幫助別人。我自認已經做得很好了，但我越來越不快樂，每個晚上和婆婆母親用完餐，我就想逃離那個家。

我的內心空蕩蕩的，像是失去了人生的目標，天天學校、家裡兩點一線，除此之外，生活空洞得可怕，卻沒有人可以訴說。

我得給自己找事情做才行。為了尋求快樂的身心靈，我報名了附近的

福智廣論班，但那時的我不知道，我已經生病了，佛法給了我一個排解的管道，卻來不及挽救我於黑暗之中。

母親最先察覺到我的不對勁。

「月嬌，妳昨天幾點睡的？臉色怎麼這麼差？」

我根本睡不著，但不想說出來令母親擔心，便顧左右而言他，「該出門了，孩子們都吃過早餐了嗎？」

母親回答：「吃過了。妳不要急，妳先吃點，我看妳都沒什麼吃。」

「我不餓。」

「不餓也要吃！人不吃怎麼可以！」

我真的吃不下。我以為只是一時的身體不適，卻不想情況越來越糟——我不會工作了，我坐在辦公桌前，傻楞楞地盯著電腦螢幕看，腦子一片空白，啥事也做不了。

我瞞不住，只能請假在家，整個人渾渾噩噩，卻不曉得自己怎麼了。

我甚至產生了自殺的念頭。母親眼看我的精神狀況每況愈下，卻束手無策，只能乾著急，無時無刻陪在我身邊。當時少有人認識、了解憂鬱症的病徵，家裡人只覺得我精神出了問題，不明白是什麼原因。先生在外見多識廣，在朋友的提醒下，強迫帶我去醫院接受治療。

我就這麼輾轉地住進了台大醫院。先生工作忙碌，孩子又小，我一個人孤零零地待在病房中，連廁所都不能上鎖，令人好不自在。

早上九點一到，護士召集所有病友齊聚走廊做體操，我站在長廊裡，突然看見另一端一個頭髮花白的老太太緩緩朝我走來。

那是母親。

大字不識一個的母親，打理好家中一切後，獨自搭乘火車來到台北，再從台北車站一路走到台大醫院，只為來看我。

我當下就流了眼淚，像是有一道光照射進一片混沌的心靈，驅逐了迷霧，拂去了陰霾。

我要為母親堅強起來。

曾經我是那麼依靠母親，在母親面前，我永遠都是個孩子，我以為自己承擔了夠多世界的負擔，卻看不見母親那一雙為我撐傘的手。

忘了我已經長大，忘了母親已經變老。

那天我在醫院的走廊見到母親，她的笑容仍然陽光溫暖，卻再也藏不住她佝僂的身子和臉上的溝壑。我意識到，我不能再讓母親為我擔心，該是換我為母親撐起一片天的時候了。

妳養我小，我養妳老；妳陪我長大，我陪妳變老。

我的心裡驀然湧出一股力量，使我迅速恢復到可以出院的程度，雖然仍須按時服藥和回診，可已能像正常人般生活。

抬起頭，不要讓心一直往下沉，
人的心若是變得沉重，就會墮入絕望深淵之中。

我又回去讀《廣論》，並在福智團體中認識同是擔任學校單位主計的陳妙師姐。陳妙師姐聽說了我的情況，問我：「要不要帶婆婆和媽媽來讀長青班呢？」

「長青班？」

陳妙師姐說：「是啊，妳會因為不曉得怎麼和兩位老人家溝通而感到無助，不如將老人家帶出來學習，不但有了共同話題，透過修行，也能幫助妳們更好地體貼彼此。」

我的壓力來源有很大一部分便是來自於婆婆和母親的不合。因為觀念和成長背景的不同，兩位老人家同住多年，卻一直說不上話，即便為了孩子們，她們不至於爭鋒相對，井水不犯河水的態度無形中也令家中氣氛變得沉重。

我想，陳妙師姐的建議或許是一個好辦法。令我欣慰的是，兩位老人家對長青班十分相應，每個禮拜都有一個晚上，我開車載著婆婆、母親，還有一個鄰居，三個年齡加起來超過兩百歲的老人家，去長青班上課。在長青班裡她們認識了師父，還交到許多好朋友，開心地嚷嚷著一個禮拜只有一堂課完全不夠，能不能多上幾堂？

特別是母親，白天我們上班上學不在家的時候，她便拿著讚頌去公園找陌生人問，一個字一個字地學。晚上跟著我複習〈密集嘛〉的讚頌，反反覆覆地念上好幾遍，深深烙印在腦海中，再也忘不了為止。

「米咩杰位得遷……您想著米就是眼睛瞇起來，咩是妹妹，杰是姐姐……」我和母親相偕坐在床上，母親戴著老花眼鏡，吃力地跟著我閱讀〈密集嘛〉的內容。〈密集嘛〉的原文是藏文，和母親解釋譯文的字義也沒意義，我就以善於記憶的方便巧門，教母親背誦。

母親非常好學，不只學會了讚頌，還抄寫經書和法語。因為母親不是系統性地學習識字，她的進度很是緩慢，臨摹的經文字體也很大，遇到了筆畫多的字，母親時常會停下問我：「這個字要怎麼寫？」

母親記性不好，同樣的字會問上許多遍，我一點也不會不耐煩，握著母親的手，就像小時候教我女兒寫字一樣。

我沒能感受過雙親手握手一筆筆教寫字的經驗，卻擁有教導母親讀書識字的機會，這是多麼值得感恩的一件事，正因為有母親當年的犧牲奉獻，換得我一身的知識，能將所學所知反哺給母親，我好高興，好感激。

學校裡的同事知道母親在學字，還會拿小學一二年級的寫字本給我，說讓母親練習用。母親收到了都好歡喜，跟我說她會努力學習。

我肯定地讚美母親：「當然，媽媽您那麼聰明，一定能很快就學會，如果您去讀書，說不定能讀到博士呢！」

母親聽了就一直笑。

我真的是打從心裡這樣覺得，沒人比我更明白母親一片向學之心，每從長青班學到了新曲，就要一遍遍地聽，聽不懂，聽不會，我就慢慢帶著她唱，母親會唱了的表情帶著一絲小得意，我好愛看到這樣的母親，受到佛恩的照拂，如此輕鬆、自在。

很多年很多年以後，我還想念當初和母親一起讀書識字的時光。

其實母親最初也會請教婆婆。我婆婆小時候接受過日本教育，後來又嫁給了老師，街坊鄰居都稱呼她為「先生娘」。不同於母親自小生長在鄉下，一生勞苦，婆婆是出了名的能幹，因此雖然比母親小了九歲，和母親說話時情不自禁就會流露出一股指導姿態。或許婆婆並沒有惡意，只是習慣了直來直往的說話方式，卻不想聽的人會受到傷害，久而久之，母親寧願詢問鄰居，或是公園裡的路人，也不再求問婆婆。

母親不會和我說這些，因此當我從鄰居口中聽到原來她心裡藏著這麼多委屈，無比痛心，我明明是母親最親密的人啊，卻看不清她內心的愁緒。我很清楚為什麼母親要瞞著我，她害怕會加重我的憂鬱症。但話一旦說出口，只會在風裡流傳，越來越廣，不會消失，就算婆婆和母親之間的問題是我的壓力來源之一，我也必須勇敢面對，否則就太對不起母親了。

只要看見腳下的路，
即使前方的路困難重重，也是踏出了第一步。

經過好一陣子觀察，我發現，婆婆有些瞧不起母親，在婆婆根深蒂固的傳統觀念裡，無法接受我先生「娶一個老婆，還陪嫁一個岳母」，丈母娘長年住在女兒家算什麼事？都說嫁出去的女兒，潑出去的水，又不是沒兒子奉養，怎麼就賴在女婿家不走？

婆婆向來以她的傳統價值為傲，她自己是這麼做的，就更看不慣和她不同的行為，和親朋好友聊天，不免就會漏些口風，雖然沒有明說，但左鄰右舍都知道，婆婆不喜歡媳婦的母親住在家裡。

可對子女而言，侍奉婆婆、侍奉母親，都是一樣的道理，哪分的出遠近？而且別人不清楚，母親和我住了三四十年，不只是為了幫我，還有很大一部分原因，是因為哥哥嫂嫂的家，已經沒有了她的位置，我兩個哥哥都早走，家裡的田產是早就分給了哥哥，但嫂嫂認為母親分產不公，對此長年心有不甘，和母親相處時間也不多，沒什麼感情基礎的情況下，我怎麼能放心讓母親回嫂嫂家住呢？

母親要跟著我一輩子的。

我理解婆婆年紀大了，觀念難以改變，又有些失智，有時候記不清自己說了什麼，加上情緒上頭，說話可能就難聽一點，母親一直勸我忍，因為她就是這麼走過來的，但我沒辦法忍，又不願忤逆婆婆，只好和先生溝通，由先生婉轉地和婆婆說：「月嬌有自己的收入，做子女為父母養老，完全沒錯，為什麼要和別人講些有的沒的？」

婆婆自是否認：「我沒有。」

我們也不想逼迫婆婆，把事情鬧大，就三不五時提點幾句，希望同在一個屋簷下的家人，可以珍惜同住的這點情分。對此，我很謝謝先生的力挺，因為他對我母親這份孝心，才是母親安心住下的最大憑依，否則，同樣受傳統觀念薰陶的母親，又怎麼會不在意呢？

婆婆母親間的爭執，到頭來只能不了了之，我心裡卻過不去，我常常在想：是我哪裡做的不夠好？為什麼我要承受這種苦？說來羞愧，但我確實想過，先生有四個兄弟姐妹，他並不是和婆婆最疼愛的孩子，為什麼是由我們來承事婆婆？如果先生的兄弟姐妹能夠分擔照顧婆婆，我家是否也能跟著安寧，不必再因老人的不愉快，鬧得烏煙瘴氣？

如果、如果……

我內心有太多的如果，這份不甘，讓我不得不向師長求助，詢問如何才能夠解脫？

法師慈悲地引導我：「妳要看到他人的苦。」

法師說，因為我看不到我小叔他們的苦，便會執著於自己的付出，他們也想要承事婆婆，卻不懂得和她相處，下意識地就會將婆婆推給和她更熟悉的我們。法師的話，像在無邊黑暗裡點亮了一盞小燈，當下要轉念是非常困難的，但從法師點燃的燈光，我看到了腳下的路，也能一步步地走出自我束縛。

這就是佛法帶給我的好處，教我觀功念恩，讓我看到善的存在。

換個角度想，婆婆雖然不滿母親住在家裡，但她從來沒有趕過母親，她們也從來不在我面前起爭執，不只是母親，或許婆婆也在忍耐，她把她的不悅、她看不順眼的事統統忍了下去，這何嘗不是為了這個家好？

我忽然就明白了婆婆，她一直以來都是一個嘴硬心軟的人。

我將我的所得告訴母親：「媽媽，您不需要怕我為難而忍讓，但我們不要著急，先退一步想一想，我婆婆就是嘴上厲害，但她這幾十年來都沒有趕過您，她的內心是接受您的。」

我畢竟不是聖人，即使看開了，偶爾免不了也有所埋怨，這時，我就會向佛菩薩祈求，引導我以一顆平靜的心，承接服侍長輩的福報，引導我有善的眼光，看到家人的恩德，且心懷感恩。

同時，我也會盡我所能，支持母親，用佛法紓解母親積累的怨懟，我要母親放心住在我家，我也希望她快樂地住在我家。

我們都需要轉念，只有當心轉彎，才會看到美好溫暖的一面。

妳養我小，我養妳老；
妳陪我長大，我陪妳變老。

母親到了八、九十歲，身體還很硬朗，卻不是很靈活了，我摟著母親說：「您別忙了，您就好好享福，讓我們照顧您、孝順您。」

除了載母親上課、陪伴她做義工，我最喜歡的就是幫母親剪指甲。母親的腰彎不太下去，於是我讓母親坐在沙發上，搬著一張小椅子坐在她跟前，將母親的腳放在我的大腿上，邊為她修剪指甲，邊與她聊家常。

母親早年從事農活，一雙腳十分粗糙，長滿了厚厚的老繭，指甲也十分堅硬，兩邊嵌入肉裡，普通指甲剪根本修剪不了，我都要拿著花剪小心翼翼地除去多餘的角質。

有時候指甲太深入肉裡，我一個不小心弄痛了母親，母親喊痛，我的心也跟著揪痛，母親還會安慰我說：「沒事沒事。」

我很享受和母親如此親密的接觸。母親重聽，我要高聲說話，她才聽得清楚，她愛聽我說些孩子們的鎖事，我兩個女兒一個兒子，都是母親一手帶大的，感情很深，聽著聽著，母親會倚在沙發上，笑瞇了眼。

最近，我和先生討論要賣掉住了幾十年的透天厝，搬去市區電梯大樓。「不論是婆婆，還是媽媽，爬樓梯對她們都太吃力了。」我說。

孩子們長大各自離家，我們夫妻加上兩位母親，也用不著住這麼大的房子，和先生一合議，看中一間新房，高高興興地準備搬家時，母親倒下了。

是大腸癌。

那段日子，母親苦惱地抱怨無法順利排便，聽了幾次我覺得不對，帶母親去看醫生，就接獲如此噩耗。我知道母親有一天會離我而去，只是當這一天來臨，我還是無法接受。

就算是大腸癌，五年存活率也不算低，我不應該感到絕望，好好治療，母親還能陪我很久。我這樣對自己說，但內心是否相信，我也不太確定。我一度想要逃避不敢面對，但又害怕這一轉身，就再也見不到母親，於是一步也不敢離開。

母親已經九十多歲了，我年紀也不小，請了兩個護工日夜輪流陪護，我則守在母親身邊，頌南無藥師琉璃光如來，求佛菩薩保佑母親無病無難。這般勞師動眾，母親怎麼可能不起疑，在母親的堅持下，我們終究告訴了她真相。

「原來是這樣啊……」母親平靜地說，好像一切早在預料之中。

我握著母親的手，「媽媽，您會好起來的。」

「我沒關係。」母親說：「但我不想妳這麼辛苦。」

這陣子我的惶惶不安母親全看在眼裡，她不問也明白，請兩個看護，必定造成我不小的負擔，這讓母親非常不捨。

自母親說了那句話後，我感覺她放棄了求生，以超然的態度看自身病痛，她滿足的神情，像是在說她這一生已經足夠。

「月嬌，如果我走了，我希望能在園區裡出生，做師父的廣子。我要早早修行，讀書識字，讀更多的佛法。」母親一點也不畏懼死亡，反而期待輪迴轉世能彌補她的遺憾——她想讀書，想做師父的廣子。

「母親，您一定可以。」我說，心裡卻在祈求菩薩能留給我們更多時間。

我不能沒有母親。

我想要永遠永遠做母親的女兒，照顧她、和她說話，只要她陪在我身邊就好。

每天早上一睜開眼睛，我就走進母親的房間，「母親，今天天氣很好喔，起床走走，活動活動好不好？」

母親本就吃得不多，生病後，進食更是少得可憐，連帶影響了她的體力，總是懶洋洋地躺在床上，任憑人勸說，也不肯起床走動。

因為看不到他人的苦，便會執著於自己的付出，
使內心增添太多不甘。

我將水果打成果汁，一口一口用湯匙餵給母親喝，母親吞嚥不及，果汁從嘴邊流了出來，我拿起毛巾輕柔地擦拭。

果汁還剩下三分之一碗，母親撇過頭，「喝不下了。」

「好，喝不下我們不喝了。」我重新擰了毛巾，為母親擦臉清潔，隨後整理母親的衣裳，繼續勸說：「媽媽，一直待在房間裡都悶壞了，我推您去公園散心好嗎？」

「不要，不要去公園。」

「好好好，不要去公園，但也不要躺在床上。」我示意氣力大的看護協助將母親抱到輪椅上，我推著輪椅便往外走。

母親生氣了，「妳要推我去哪裡？我說我不要去公園！」

「我們沒有要去公園，」我哄母親，「就在客廳看看風景而已。」

高樓的窗景看出去十分廣闊，藍天一望無際，雖不比自然風光，但都市的繁忙在腳下一覽無遺，也是一番樂趣。

感覺到被勉強，母親嘴角抿成一直線，滿是不悅，即使轉換了場景，也毫無反應。

「呀！媽媽，您看到了嗎？好多車啊，有幾台車過去了？」我揚起語調，好像和小朋友說話，「有一台紅色的車、一台黃色的車……後面那台是什麼顏色？」

不遠處，高速公路上一台台車呼嘯而過，我手點著數車，假裝不懂地問母親。

「是白色。」

「對耶，是白色，媽媽您眼睛真好。」我誇張地稱讚母親，母親聽了露出驕傲的表情。

「接下來是什麼車？」

「黑色的卡車。」

「還有呢？」

「銀色的車……」

我和母親一問一答，先生看了忍不住失笑，「妳這是在做什麼？」

我回他，「我在和媽媽做遊戲啊。」說著，我朝母親扮了個鬼臉，逗得母親哈哈大笑。

看著母親的笑臉，我一顆心滿滿脹脹的。

幼稚也好，三八也罷，只要母親開心，就好。

晚上我就跑去跟母親擠在一起，只在床頭留一盞小夜燈，我和母親頭靠著頭，母親闔上了眼睛，昏暗的橘光映照著母親的臉龐，要很用力，才能看清母親的樣子。

我心裡慌張，自從得知母親生病後，我常會感到不安。

「媽媽。」

「嗯。」半入睡的母親，無意識地應和我。

「媽媽。」我一聲一聲喊著她，母親沒有回應我，她已經沉沉地睡著了。

我看著母親，低聲說：「媽媽，我好幸福，能夠做您的女兒。」我真的很幸福，母親五個孩子裡面，我和母親的緣分最深，她給我的愛太多太多，多到我這一生都回報不完，和母親的給予比起來，我的付出是那樣不值一提，但母親從不在意，只要別人對她一點點好，她就那麼滿足。

我還能為母親做些什麼嗎？

我開始在睡前，和母親聊起往事，才知道對於那些掩埋在時光裡的過往，母親也是有怨的。她怨兩個嫂嫂執著於財產分配，傷了老人的情感，她什麼都給了子孫，只換來老死不相往來；她也怨婆婆說話難聽，始終將她視作外人看待，讓她不得不承受寄人籬下的苦楚。

媽媽給我的愛太多太多，多到我這一生都回報不完，
和媽媽的給予比起來，我的付出是那樣不值一提，但媽媽從不在意。

有時負面的情緒宣洩出來，母親轉頭便告誡我：「算了，我不恨了，妳也不要去恨他們。」母親就是這樣，總是選擇原諒別人。

但有時，母親想不開，說著說著就要掉淚，我就以佛法的角度疏導母親，不要讓別人的過錯成為自己的桎梏。

聊著聊著，母親終於忍不住吐出心中最大的憂慮：「月嬌，我死後怎麼辦？」母親已經做好心理準備，接受菩薩的指引，卻還是會擔心死後歸處。人都說落葉歸根，母親晚年長住女兒家，和夫家的媳婦孫子感情淡漠，可在傳統觀念裡，不能受夫家子孫的供養，如同流離失所。

臨到終了，母親想要回家，她不想骨灰沒人要，死後沒人愛。

「媽，您不要怕，首先，您知道的，您發了願，要在園區裡出生。」我耐心地和母親說明。

母親點點頭，「對，我來世要再跟著師父學習。」

「您的後事，不一定要回老家安葬，您知道『樹葬』嗎？我們可以將

我們的骨灰埋在法鼓山教育園區的大樹底下，把我們的身體還給自然，我們的靈魂則跟著菩薩走。」我將我和大姐問到的安排一一掰碎了解釋給母親聽。我們也曾試圖和大嫂說佛法，但大嫂怨懟母親分產不公，積怨太深，我們實在不確定她能否敞開心懷。為了讓母親不留遺憾，我和大姐到處為母親尋找歸處，而樹葬就是我們找到的最好的答案。

「妳大嫂不願意接我回去嗎？」

「媽……」

「我不怪她。」母親安撫我：「我都明白。」

母親也曾觀大嫂的過，對嫂嫂的作為很不諒解，然多年佛法的學習，母親已能夠放下。「妳說的那是什麼……樹葬？」

「是，樹葬，把我們的骨灰葬在佛菩薩庇護的園區裡。」

「好啊……樹葬。」母親同意了，「要怎麼做？」

我看得出來母親心仍惶惶不安，那是一種未知的茫然，就算我再三保證，也無法完全消除母親的疑慮。
「媽，我們來寫遺書好嗎？」
「遺書？」
「嗯，把您這一生都寫下來，不只是寫給您的，也是寫給我們的。」
母親想了想，說好。
母親這遺書，並不是隨便寫寫，我多日和母親以聊天的方式討論，最後總結出一篇文章，端端正正地寫在紅紙上。
念遺書上的字句給母親聽時，母親已經很虛弱了，每一句話我都要念上好幾遍，確認母親聽了進去。
「我這一生，克勤克儉地打拚……媽媽過去很努力打拚，對嗎？」
「嗯。」
「我生有五個子女……我的兒女媳婦女婿和孫子孫女，都很孝順我……」我慢慢地念著，「我這一生，很滿足，很感恩……」

母親聽著，不時地回應我。

「若有一天，阿彌陀佛請我去喝茶的時候，請大家念阿彌陀佛來送我一程。我的葬禮一切從簡，不要花藍、花圈……」

「越簡單越好。」母親說。

「是，我們葬禮簡單就好。」我回答母親，「接下來，我們要交代，希望永遠住在法鼓山環境保護區。祝福大家圓滿，阿彌陀佛。」

「阿彌陀佛……」母親喃喃地跟著我念。

自從寫下了遺書，母親似乎不再受病痛所桎梏，兩個月後，悄然離開了人世。母親離開的表情，帶著一抹微笑。

我很慶幸，在最後為母親排除了心裡的憂慮，不讓她的離去留有遺憾。或許是菩薩的幫忙，要一同成就母親這一生，母親往生後，大嫂主動說要將母親的骨灰和靈位接回老家供奉，和父親一起住在娘家附近的納骨塔中。我想，母親知道了，一定會非常高興吧。

我們都需要轉念，
只有心轉彎了，才會看到美好溫暖的一面。

天氣轉熱了，我找了一天進行衣物換季。

打開衣櫃，要將洗好的冬季衣服收起來時，就看到了母親心愛的蠶絲外套。

那是某一年在SOGO百貨，我和姐姐買給母親的。

母親生性節儉，最不愛逛街。那天突然來了興致，我們便歡喜地帶她去逛百貨公司。

母親一眼就看中了那件外套，帶著帽子，衣料摸起來十分絲滑，櫃員介紹是蠶絲做的，質感相當好。

在此之前，母親試過了不少衣服，只有這件外套，她捨不得放下，連連和我說好。

我和姐姐偷偷看了牌子，果然要價不斐，價格高達三萬六，如果母親知曉了真實價格肯定不願意買，但她難得這麼喜歡一件衣服，我們便和櫃員串通，和母親少報了一個零，買下了這件外套。

買回來後總也不見母親穿，一問才知，母親認為這麼好的衣服，要留到正式場合，平常怕穿壞了。

「哎呀，媽媽，這一件貴得很呢，您不穿不就可惜了嗎？」

我們說漏了嘴，這下母親更是不肯穿了，說要留給我。

「我一個老人穿這麼好幹嘛？妳穿就好。」母親總是這樣，將好吃的、好穿的全都給了我，對待自己過於嚴厲。母親真的再也沒穿過，這件昂貴的外套就一直掛在衣櫃裡，不見天日。

我摸著外套，算著時間，現在母親是不是已經出生在園區裡了？

願她這一生，篤力修行，幸福快樂。

我關上衣櫃，蠶絲外套將永遠留存，就像母親的愛。

當我們終要說再見

月嬌一生與母親切割不開。

父親臥病在床的時候，是母親養育了這個家，鼓勵月嬌讀書上學。在月嬌結婚生子後，母親也放不下自己的孩子，跟著月嬌住進了婆家，幫忙她做家務、帶孩子。這是一個非常偉大的母親，雖然在意流言蜚語，可最重要的還是自己的孩子。

月嬌也非常深愛母親，除了想方設法化解婆婆媽媽間的僵局，也帶領母親學習佛法，像是要補足母親曾經的缺憾。母親年紀大了，月嬌更是貼身照顧，剪指甲、洗澡、帶母親散步。月嬌母親罹患大腸癌時，月嬌宛如青天霹靂，無法接受，為母親痛而痛，一度無法面對。

但母親剩下的時間不多，為了讓母親好好走，月嬌勇敢面對生死課題，不諱言和母親談身後事，只希望母親能夠無所牽掛。

人的一生，誰都避不開生與死，不論是自己，或是父母，提前規劃不是詛咒，反而是一個美好的希願。

擬定最美的善終

◆世代生死觀念有落差，提前規劃善終是對親人的體貼，但因此讓親人的心情難受，甚至引發爭吵，就失去了最初的美意。要提議，不如先傾聽，了解設想親人面對生死的種種關卡，最在乎的是什麼，再慢慢旁敲側擊，婉轉地提議，解決親人的不安。

◆圓滿的善終包括生理平安、心理平安和靈性平安。做好醫療囑咐，與自己和他人和解，了解死後世界，自然能夠坦然地面對死亡。不只是親人，自己也要做好身、心、靈三方面的準備，讓心留著愛而不是遺憾。

◆遺書、遺囑是一個很好的方式，不但總結了自己的一生，將想說的話都說出來，也能避免死後親人之間的爭執。

◆我們會為親人的死亡難過哀傷，但不能因此被恐懼束縛，如此只會讓愛你的人放不下心。可以提早和親人一起確定未來的生命方向，並以此而努力。當你了解親人離世後，你將知道他的生命前往了一個美好的循環，生命是有依靠、有方向的。

◆生命無常，死亡隨時可能降臨，我們更應該珍惜自己的生命，珍惜身旁的親人和朋友，不輕易浪費每一寸時光。

國家圖書館出版品預行編目(CIP)資料

不只需要愛／福智文化編輯室作. －初版. －臺北
市：福智文化股份有限公司，2022.12
面；　公分. －（亮點；8）

ISBN 978-626-95909-8-8（平裝）

1.家庭關係 2.親子關係 3.通俗作品

544.1　　111019768

不只需要愛

亮點 008

作　　者　福智文化編輯室
責任編輯　廖育君、廖雅雯
文字協力　周雯琪、陳昕平、張詠琦、黃育上、廖雅雯
美術設計　賀四英
排　　版　陳瑜安
印　　刷　富喬文化事業股份有限公司

出 版 者　福智文化股份有限公司
特別感謝　福智文教基金會
地　　址　105407臺北市松山區八德路三段212號9樓
電　　話　(02) 2577-0637
客服Email　serve@bwpublish.com
總 經 銷　時報文化出版企業股份有限公司
地　　址　333019桃園市龜山區萬壽路二段351號
電　　話　(02)23066600 轉 2111
出版日期　2022年12月　初版一刷
定　　價　360 元
I S B N　978-626-95909-8-8